SV

Sonderdruck
edition suhrkamp

Ole Nymoen
Wolfgang M. Schmitt

Influencer

Die Ideologie der Werbekörper

Suhrkamp

4. Auflage 2021

Erste Auflage 2021
edition suhrkamp
Sonderdruck
Originalausgabe
© Suhrkamp Verlag Berlin 2021
Alle Rechte vorbehalten, insbesondere das der Übersetzung,
des öffentlichen Vortrags sowie der Übertragung
durch Rundfunk und Fernsehen, auch einzelner Teile.
Kein Teil des Werkes darf in irgendeiner Form
(durch Fotografie, Mikrofilm oder andere Verfahren)
ohne schriftliche Genehmigung des Verlages reproduziert
oder unter Verwendung elektronischer Systeme
verarbeitet, vervielfältigt oder verbreitet werden.
Satz: Satz-Offizin Hümmer GmbH, Waldbüttelbrunn
Druck: CPI books GmbH, Leck
Umschlag gestaltet nach einem Konzept
von Willy Fleckhaus: Bureau Johannes Erler
Printed in Germany
ISBN 978-3-518-07640-8

Inhalt

Vorwort 7
1. Patrick Batemans Kinder 11
2. Die Retter des Kapitalismus? 29
3. Die Entstehung der Werbekörper 45
4. Berechenbare Kreativität 60
5. Einflussreiche Körperbilder 76
6. Rosa oder blau? Neue und alte
   Geschlechterrollen 97
7. »Schreibt es in die Kommis!« 118
8. Der gute Mensch von Instagram 135
9. In 80 Hashtags um die Welt 151
10. Das letzte Residuum des American Dream .. 168
Anmerkungen 183

Vorwort

Der Influencer ist eine der wichtigsten Sozialfiguren des digitalen Zeitalters. Er ist ein die Pop- und Konsumkultur, die Werbebranche und den Kapitalismus prägendes Phänomen, das längst nicht mehr nur auf das Netz begrenzt ist. »Lavendel-Bauern in der Provence klagen über Influencer«, berichtete die *Frankfurter Allgemeine Zeitung* im August 2019, als Instagram-Stars auf der Suche nach dem perfekten Schnappschuss Felder zertrampelten.[1] Auch Nationalparks haben sich bereits über den zerstörerischen Ansturm der Selfie-Berühmtheiten beschwert; in Paris wurden gar besonders fototaugliche Straßen gesperrt, um die Anwohner zu schützen. Die Konsumgüterindustrie hingegen empfängt die neuen Celebrities mit offenen Armen: Ihre Konterfeis zieren eine wachsende Zahl von Produktlinien in Supermärkten und Drogeriegeschäften; Fachjournalisten müssen bei Modenschauen in Paris oder Mailand auf die hinteren Plätze ausweichen, weil die vorderen Reihen für Instagram-Stars mit Millionen Followern reserviert sind; große Zeitungshäuser erreichen mit ihrer Printauflage nur einen Bruchteil der Abonnenten, die ein erfolgreicher Youtuber hinter sich versammelt. Der klassische Anzeigenmarkt ist weiter rückläufig, und TV-Spots verlieren, seitdem junge Leute immer weniger fernsehen, an Reichweite, während das Influencer-Marketing ungebremst wächst. In einer in der Werbebranche häufig zitierten Studie von 2019 heißt es: »Deutsche Marketer sind bereit, Top-Influencern bis zu 38 000 Euro pro Post zu bezahlen«;[2] außerdem planten deutsche Marketer im selben Jahr, »42 Prozent ihres Gesamtbudgets für Influencer-Marketing auszugeben«.[3] Die Influencer besitzen also eine große ökonomische, aber auch ideologische Macht, die, wie wir zeigen wollen, nicht nur zu Werbezwecken, sondern ebenso zu einer bedenklichen kulturellen wie politischen Beeinflussung ihrer Follower-Scharen eingesetzt wird.

Das englische Verb *to influence* meint »beeinflussen«. Eben das tun die Influencer in unterschiedlichster Weise, was aber im Umkehrschluss nicht bedeutet, dass jeder, der Einfluss hat, ein Influencer ist. Der Kolumnist einer Zeitung, der Kommentator in den *Tagesthemen*, der Spitzensportler, der sich für Kinder in Not engagiert, der Musiker, der gegen oder für etwas singt – sie alle beeinflussen zwar den Diskurs, die Gesellschaft, die Wirtschaft oder gar die Politik, Influencer sind sie dennoch nicht. Würde man jeden, der ein gewisses Publikum hat, als Influencer bezeichnen, wäre der Begriff völlig beliebig und damit unbrauchbar. Der Influencer, von dem man im Marketing etwa seit 2007 spricht, ist stattdessen zu verstehen als eine Person, die in den sozialen Medien zu Bekanntheit gelangt ist und sowohl eigene Inhalte als auch Werbe-Content für Produkte aller Art (von Kleidung über Fitness- und Kosmetikprodukte bis hin zu Finanzdienstleistungen) in Form von Posts, Fotos oder Videos veröffentlicht. Der Influencer ist in der Regel nicht der Botschafter einer einzigen Marke, sondern bewirbt verschiedene Produkte. Dabei ist entscheidend, dass er diese möglichst eng mit der eigenen Person verknüpft, indem er zeigt, wie er sie verwendet, und sich zugleich als Konsument und Präsentator inszeniert. »Einen authentischeren Multiplikator gibt es gar nicht, als jemand aus der Zielgruppe«, erklärt der Betreiber einer Agentur für Influencer-Marketing das Prinzip.[4]

Authentizität, wobei zu klären sein wird, inwieweit es

sich lediglich um eine Authentizitätsmaske handelt, ist der wichtigste Faktor beim Influencer-Marketing. Das heißt, der Influencer ist weder eine fiktive Persona wie etwa die von der Schauspielerin Johanna König gespielte Klementine von Ariel oder die von Jan Miner verkörperte Palmolive-Werbefigur Tilly, noch ist er bloß ein Prominenter, der für eine Werbekampagne seine Gesichtsbekanntheit und Reputation mit einem Produkt verquickt wie ein George Clooney, der in Werbeclips an einem Espresso nippt, oder eine Heidi Klum, die beherzt in einen Burger beißt. Gewiss soll auch in diesen Fällen durch bekannte Persönlichkeiten ein dem Produkt dienliches, glaubwürdiges Gesamtbild erzeugt werden, doch die Stars werben lediglich mit ihrem öffentlichen Image, das nicht dem privaten entsprechen muss. Zudem kommt es beim Influencer-Marketing darauf an, dass die Influencer über eigene Follower-starke Profile bzw. Kanäle – überwiegend auf Instagram, Youtube und Tiktok – verfügen, um per »Auf-du-und-du-Kommunikation« Zuschauer direkt ansprechen zu können.

Jahrzehntelang wurde Werbung zumeist nolens volens hingenommen. So nutzte man beim Fernsehen die Unterbrechung für den Gang zum Kühlschrank. Gelegentlich nahm man Reklame als störend wahr oder oft einfach gleichgültig hin (wenngleich sie trotzdem eine zugegebenermaßen schwer messbare Wirkung entfaltete). Eher selten wurden Spots selbst – es sei denn, sie waren außergewöhnlich witzig, erotisch oder skandalträchtig – als Unterhaltung rezipiert. Mit den Influencern ändert sich nicht nur der Konsum von Waren, sondern auch der von Werbung fundamental: Plötzlich wird sie freiwillig, bewusst, ja, gern geschaut. Was Werbung ist und was nicht, wird nicht bloß (trotz Kennzeichnungspflicht) schwieriger zu durchschauen, es ist auch immer mehr Menschen schlichtweg egal. Alles ist Unterhaltung, alles ist Werbung, und alles kann zur Ware werden – auch das eigene Ich.

Im Folgenden werden wir das Phänomen Influencer in zehn Kapiteln beleuchten: Seine popkulturelle Vorhut wird im Kino der neunziger und nuller Jahre sichtbar (Kapitel 1), während zur selben Zeit der Kapitalismus wegen mangelnder Nachfrage in die Bredouille gerät, aus der das Influencer-Marketing einen vermeintlichen Ausweg verspricht (Kapitel 2). Es entstehen Werbekörper, deren Klassenzugehörigkeit uneindeutig ist (Kapitel 3) und die von einer paradoxen Mischung aus Individualismus und Nachahmung gekennzeichnet sind (Kapitel 4). Der Körper wird zu einer Verkaufsfläche (Kapitel 5), alte und neue Geschlechterrollen werden etabliert (Kapitel 6), stets im angeblich direkten Dialog mit der Community (Kapitel 7). Influencer-Content besteht seit einer Weile auch aus Werbung für gesellschaftspolitische Anliegen wie Feminismus oder Antirassismus (Kapitel 8). Zudem denkt und agiert der Influencer häufig global, ist ständig auf Reisen und repräsentiert einen konsumaffinen Kosmopolitismus (Kapitel 9). Und schließlich bietet er etwas, das verzweifelt gesucht wird: ein Aufstiegsversprechen (Kapitel 10).

Die Influencer zeichnen wir keineswegs in rosigem Licht, wir sehen in ihnen eine ernst zu nehmende Gefahr, da sie antiaufklärerisch agieren und ihre Follower manipulieren. Sie erzeugen ein falsches Bewusstsein, das sie wiederum gewinnbringend auszubeuten wissen, ja, sie verherrlichen das »beschädigte Leben« im Spätkapitalismus.

1. Patrick Batemans Kinder

Eine junge Influencerin sitzt auf einem schneeweißen Flokatiteppich, den Hintergrund bildet ein ebenso weißer Vorhang. Dies ist kein Zimmer, sondern ein Kokon. Die Influencerin, lediglich einen schwarzen Spitzenbody, ein goldenes Halskettchen und verspielte Ohrringe tragend, hat auf ihr Gesicht eine weiße Tuchmaske gelegt. Ein Pfeil in der Bildmitte stupst den Zuschauer zu einer Interaktion: Klickt man auf das Symbol, beginnt ein nur wenige Sekunden dauerndes Instagram-Video, in dem sich die Influencerin die Maske behutsam abzieht, um dann beglückt in die Kamera zu lächeln, die zugleich ein Spiegel zu sein scheint. Kokett legt sie sich eine blonde Strähne hinter ihr rechtes Ohr und stößt einen zarten, kaum hörbaren Seufzer der Glückseligkeit aus. Sie zeigt nun ihr angeblich wahres Gesicht, das von der Maske mit ausreichend Feuchtigkeit versorgt wurde. Ungeschminkt, authentisch, real – lautet die implizite Werbebotschaft. Die mit Mandelöl und Hyaluronsäure versehene Tuchmaske, so die persönlich gehaltene Beschreibung neben dem Video, ist ein Produkt der Eigenmarke einer Supermarktkette, zu der ein Link führt. Die Maske, heißt es weiter, mache unser »Homeoffice zum Beautysalon« – ein rotes Herzchen ersetzt den Punkt und beschließt den Text. Die Frage, warum das Zuhause wie selbstverständlich Homeoffice genannt wird, stellt sich im Neoliberalismus, der das Ich zum permanent zu optimierenden Projekt erklärt hat, nicht mehr. Die Arbeit für und an sich selbst hebt die Trennung von innen und außen, von privat und öffentlich auf – die neoliberale Subjektivität ist wie ein Möbiusband, worauf der angefügte Hashtag #schönvoninnenundaussen treffend verweist.

❋❋❋

Was wusste, was ahnte das Kino? Mehr als wir. Die Kamera gleitet auf den gleichmäßigen Wellen von John Cales Minimal-Music-Klavierthema durch eine New Yorker Luxuswohnung, vorbei an Robert Longos Bild *Men in The Cities* und Designermöbeln im Bauhaus-Stil, sie blickt im Schlafzimmer kurz auf ein kunstvoll durchwühltes Bett, auf dem Sideboard thront eine gigantische Vase, noch weißer als die Laken. Gerade aufgestanden ist ein durchtrainierter 27-Jähriger, er erwartet uns im Badezimmer. Während er stehend uriniert, spiegelt sich im gerahmten Plakat des Musicals *Les Misérables* sein makelloses Gesicht. Seine Stimme aus dem Off, losgelöst vom Körper also, informiert uns über seine Morning-Routine, die im Jahr 2000, als der Film *American Psycho* in die Kinos kam, noch kein eigenes Youtube-Genre war, da die Plattform erst fünf Jahre später gegründet werden sollte. Patrick Bateman (Christian Bale), so der Name des Proto-Influencers, erklärt, sein Credo sei es, auf sich selbst zu achten. Eine ausgewogene Diät und ein strenges Trainingsprogramm – tausend Sit-ups täglich – helfen ihm dabei ebenso wie die Eismaske, die Lotion mit Tiefenwirkung, das wasseraktive Reinigungsgel, das Honig-Mandel-Körperpeeling, die Kräuter-Minze-Maske, das Aftershave, der Anti-Falten-Augenbalsam und die feuchtigkeitsspendende Schutzlotion.

Von welchen Kosmetikunternehmen die Produkte stammen, erfahren wir nicht, erst im Laufe des Films werden wir eingeführt in die feinen Unterschiede der Marken, die Bret Easton Ellis in der literarischen Vorlage dazu dienen, Personen zu zeichnen, die keine Persönlichkeit haben. Daraus macht Bateman keinen Hehl: »Es gibt eine Vorstellung von einem Patrick Bateman, die abstrakt ist, aber es gibt kein wahres Ich«, erläutert er cool, während er sich die transparente Gesichtsmaske wie eine zweite Haut abzieht. Und auch wenn wir zu spüren meinen, dass unser Lifestyle dem seinen gleiche, sagt Bateman uns: »Ich bin ganz einfach nicht da.« Er spricht zu uns im Vertrauen – deshalb die Ehrlichkeit, die einem Influencer, dessen Kapital die Illusion eines authentischen Ich sowie die vermeintlich unmittelbare Nähe zu uns ist, nicht über die Lippen kommen kann. In *American Psycho* sind wir Zuschauer jedoch nicht Kunden, sondern Komplizen. Im Gegensatz zu Batemans Kollegen wissen wir, dass der Investmentbanker sich nachts in einen Serienkiller verwandelt, der seine Opfer mit der gleichen Akribie zerstückelt, mit der er sich selbst achtsam pflegt. Auf die hässliche, untergründige Seite des Kapitalismus deuten die Morgenroutinen der Influencer auf den ersten Blick nicht hin, aber es gibt sie – ahnen wir, wenn wir an die prophetische Kraft des Kinos glauben, das die Influencer antizipierte, bevor wir sie kannten.

In den neunziger und frühen nuller Jahren war das Kino, das inzwischen weniger Geld umsetzt als die Gaming-Industrie, vielleicht ein letztes Mal popkulturelle Avantgarde. Es bildete nicht bloß den Zeitgeist ab, sondern formte ihn, griff Diskurse auf und dachte sie konsequent weiter. Heute, da alles noch schnelllebiger geworden ist, hinkt das Kino oft hinterher, wenn es versucht, aus Youtubern Filmstars zu machen, die vergleichsweise teuer produzierten Filme jedoch häufig weniger Zuschauer erreichen als ein simples, mit dem Smartphone gedrehtes Video. Damals war das Kino noch das wichtigste Referenzmedium, von dem andere Branchen lernen wollten: Produktwerbung, wiederholt heute nahezu jeder Marketingstratege, benötigt ein gutes Storytelling, um die richtigen Kaufanreize zu setzen.

Die Drehbuchautoren, die in den vergangenen Jahrzehnten in diversen Ratgebern freudig Auskunft gaben über die Möglichkeiten, das Publikum durch raffiniertes Erzählen zu manipulieren, bei dem die Emotionen der Zuschauer präzise zu dieser oder jener Figur gelenkt werden, wurden unfreiwillig zu Pionieren einer neuen Form von Werbung. Denn diese Lenkung kann selbstredend gleichermaßen zu Produkten führen: *Rette die Katze!*[1] heißt etwa einer der bekanntesten Ratgeber fürs Drehbuchschreiben, womit laut Verfasser Blake Snyder zugleich eine goldene Regel benannt ist: Sollen die Zuschauer mit dem Helden von der ersten Minute an sympathisieren, muss dieser gezeigt werden, wie er etwas Gutes tut, zum Beispiel eine Katze aus einer brenzligen Situation retten. Schon lange wird dieses Drehbuchgesetz in der Werbung auf Produkte angewendet, wenn diese als Retter in der Not erscheinen: So erblickt Anfang der nuller Jahre ein im brennend heißen Wüstensand verlorener Anhalter, der stundenlang vergeblich auf eine Mitfahrgelegenheit wartet, vor einer heruntergekommenen Tankstelle einen Coca-Cola-Automaten. Hastig trinkt der junge Mann eine Flasche, während just in dem Moment ein Auto, ein Truck und ein Linienbus hinter ihm vorbeibrausen. Der Genuss des Kaltgetränks scheint ihn vom Eigentlichen abgelenkt zu haben, doch dann treten unvermittelt zwei Latina-Schönheiten auf die Terrasse, die ihn mit in die nächste Stadt nehmen. Der Mann küsst dankbar seine Coke.

Auch erfolgreiche Influencer beherrschen das Storytelling, wenn sie die zu bewerbenden Produkte in vermeintlich alltägliche Erzählungen integrieren. Dass man bei Instagram von einer »Story« spricht und damit die Aneinanderreihung 15-sekündiger, nach 24 Stunden wieder verschwindender Bild- und Videoschnipsel meint, ist bezeichnend. In den Storys wird dann wie zufällig beim Aufstehen vom geruhsamen Schlaf erzählt, um zu einer Sleep-Tracker-App zu verlinken. Für die heute anstehende Partnersuche wird die entsprechende Dating-Plattform beworben, und der Liebesfrust wird mit Schokolade eines Schweizer Herstellers bekämpft. Eben Geschichten, die das Leben schreibt. Dabei machen sich auch die Influencer das Prinzip »Rette die Katze!« zu eigen, wenn sie sich für diese oder jene gute Sache einsetzen – immer gibt es einen »woken« Zug, auf den es sich aufzuspringen lohnt.

Besonders effektiv ist jene Werbung, die gar nicht danach aussieht. Dabei hilft ein raffiniertes Storytelling, und auch hier ist das Kino der Vorreiter: Das Product-Placement in Filmen, bei dem die Waren in die Narration eingebettet sind, ließ früh schon offenbar werden – sofern es elegant und nicht zu aufdringlich geschah –, dass unsere Welt weniger durch den Logos als durch die Logos dominiert wird. Wenn James Bond seit Jahrzehnten je nach Werbekooperation mal Brioni, mal Tom Ford trägt, Bollinger oder Dom Pérignon trinkt, seinen Durst zwischendurch mit Heineken löscht, im Aston Martin, BMW oder Audi seinen Verfolgern entwischt, wird dabei eine Filmfigur zum Testimonial, das zu Identifikation und Nachahmung einlädt. Hohes Prestige, weltweite Bekanntheit und ein konsumaffiner Lebensstil machen Bond zum perfekten Influencer, zumal dieser von Ian Fleming geschaffene Charakter den Begriff buchstäblich ausfüllt: Bond hat (männliche) Zuschauer mehrerer Generationen beeinflusst. Der Filmtheoretiker Siegfried Kracauer stellte bereits in den zwanziger Jahren fest, Filme seien »der Spiegel der Gesellschaft« und würden häufig Künftiges antizipieren. Fand Kracauer im Kino der Weimarer Republik bereits viele Hinweise (die er später in *Von Caligari zu Hitler* kompilierte) auf die Faschisierung

Deutschlands, zeichnen die Filme der neunziger und nuller Jahre den Aufstieg der Influencer vor. Filme sind Waren, in denen sich die kapitalistischen Verhältnisse ausdrücken: »Um die heutige Gesellschaft zu erforschen, hätte man also den Erzeugnissen ihrer Filmkonzerne die Beichte abzunehmen. [...] Der Inbegriff der Filmmotive ist zugleich die Summe der gesellschaftlichen Ideologien.«[2]

Die Bond-Filme spiegeln die Gesellschaft jedoch nicht nur wider, sie gestalten sie, sie sind Vergrößerungs- und Zerrspiegel, die Figur Bond selbst ist ein Spiegelbild, in dem sich der Zuschauer wiederzuerkennen glaubt, ja, mit dem er sich verwechselt. Zusätzlich ist der Doppelnullagent der erste Reise-Influencer, was Tourismusämter in aller Welt früh erkannt haben. Dafür, dass *Spectre* mit einer langen Action-Sequenz in Mexiko-Stadt beginnt und 007 später auf die Frage seines Vorgesetzten, was er in Mexiko gemacht habe, antwortet: »Einen längst überfälligen Urlaub«, soll die Produktionsfirma vom mexikanischen Staat Förderungen in Millionenhöhe erhalten haben. Dass Bond eine fiktive Figur ist, mindert die erwünschte Glaubwürdigkeit keineswegs, ragt doch der Geheimagent im Auftrag Ihrer Majestät (und der Konzerne) weit über die Leinwand hinaus. Die großen Bond-Darsteller – von Sean Connery bis Daniel Craig – verschmelzen irgendwann mit ihrer Rolle. Wo sie auftreten, sind sie immer auch Bond, weshalb Pierce Brosnan als Agent a. D. das Werbegesicht von Brioni blieb – wenngleich ein Hauch des Fiktionalen diese Werbung umweht und damit mehr und mehr aus der Zeit fällt, da Authentizität das Hochwertwort der Stunde ist, nicht nur im Marketing. Die Bond-Reihe, die von Anfang an auf Product-Placement setzte, um die aufwendige Produktion zu finanzieren, und früh eigene lizensierte Produkte wie Deodorants herausbrachte, war *Die Truman Show* avant la lettre, nur dass Truman zum Influencer wider Willen wurde – ahnungslos, unschuldig wie heute niemand mehr von uns.

Peter Weirs Mediensatire von 1998 zeigt eine abgeschlossene Welt in der Welt – wie bei der wenig später anlaufenden Reality-TV-Show *Big Brother*, allerdings mit dem fundamentalen Unterschied, dass der Protagonist Truman Burbank (Jim Carrey) nicht weiß, dass er als Baby von einer Produktionsfirma adoptiert wurde und in gigantischen Studiokulissen aufgewachsen ist. Erst kurz vor seinem dreißigsten Geburtstag, als plötzlich Scheinwerfer vom Himmel fallen und versteckte Kameras sichtbar werden, dämmert ihm, dass ein Millionenpublikum sein Leben wie in einer Daily Soap oder in einer Insta-Story verfolgt hat. Finanziell gestemmt wird die Show durch Product-Placement, bei dem die wissenden Mitspieler, etwa Trumans Frau oder sein vermeintlich bester Freund, Markennamen fallen lassen, freudestrahlend Produkte in die Kamera halten oder Truman auf der Straße so geschickt abpassen, dass im Hintergrund ein Werbeplakat zu sehen ist. Truman bleibt bei all dem der reine Tor, während um ihn herum niemand ohne Kalkül agiert: Jeder spielt sowohl die emotionale Nähe zu Truman als auch zu den Produkten. Influencer versuchen, beides zu sein, indem sie sich unverfälscht und arglos geben, aber gleichzeitig clever ihre Werbeverträge erfüllen.

Die Truman Show endet mit der Flucht des Helden, der gegen alle Widerstände der Produktionsfirma die Tür im Pappmascheehorizont öffnet und hinaustritt. Ein Außen aber, ahnen wir, die wir in mehreren Szenen die TV-Zuschauer als fernsehsüchtig und passiv vorgeführt bekommen haben, gibt es nicht mehr – oder wie

Jean Baudrillard einst schrieb: »Disneyland existiert, um das ›reale‹ Land, das ›reale‹ Amerika, das selbst ein Disneyland ist, zu kaschieren.«[3] Das im Film präsentierte Reality-TV-Publikum, das allabendlich in der Badewanne, auf der Couch oder in einem Nachtwächterhäuschen vor dem Fernseher sitzt, flieht aus seinem banalen Alltag in den ebenso banalen Alltag von Truman – wie den Influencern gefolgt wird, nicht weil sie eine Gegenwelt auftun, sondern weil sie die Welt ihrer Follower verdoppeln; lediglich etwas geglättet, gefiltert, per Photoshop aufgehübscht, damit die unendliche Langeweile im Spätkapitalismus nicht ganz so sehr auffällt.

Dennoch treibt die Sehnsucht nach einem Jenseits der Konsumwelt das Neunziger-Jahre-Kino um. Nicht nur Truman, auch Neo will hinter die Kulissen blicken, wenn er in *Matrix* die ihm angebotene rote Pille schluckt, um zu erkennen, dass er sein Leben in einer Simulation zugebracht hat. Nun begibt er sich auf die Suche nach einem Ausgang aus der unverschuldeten Unmündigkeit. Ein Wunsch, den auch Influencer bisweilen hegen, wenn sie sich zu Digital Detox entscheiden, daraus jedoch sofort wieder ein Social-Media-Ereignis machen, indem sie es erst wortreich ankündigen und hinterher ausführlich davon berichten. Selbst Unternehmen haben die Unterbrechung, die Sendepause, als Werbemöglichkeit entdeckt; so lud im Januar 2020 ein Energiekonzern Influencer dazu ein, 24 Stunden nicht ins Netz zu gehen (und so nebenbei Strom zu sparen), aber am Tag danach ihre Erfahrungen – inklusive Verlinkung auf das Firmenprofil – zu posten.

Radikaler mutet dagegen David Finchers *Fight Club* an, in dem der Protagonist (Edward Norton) zunächst sein Leben nach dem Ikea-Katalog einrichtet, bis eines Tages der rätselhafte Tyler Durden (Brad Pitt) erscheint, um zu spotten über die Welt der Calvin-Klein-Models und die Dienstleistungsgesellschaft, in der Männer – anders als es der American Dream verheißt – dazu verdammt sind, als unterbezahlte Servicekräfte zu versauern:

Eine ganze Generation zapft Benzin, räumt Tische ab und schuftet als Schreibtischsklaven. Durch die Werbung sind wir heiß auf Klamotten und Autos, machen dann Jobs, die wir hassen, und kaufen dann Scheiße, die wir nicht brauchen. Wir sind die Zweitgeborenen dieser Geschichte, Leute. Männer ohne Zweck, ohne Ziel. Wir haben keinen großen Krieg, keine große Depression. Unser großer Krieg ist ein spiritueller. Unsere große Depression ist unser Leben. Wir wurden durch das Fernsehen in dem Glauben aufgezogen, dass wir alle mal Millionäre werden, Filmgötter, Rockstars. Werden wir aber nicht, und das wird uns langsam klar! Und wir sind kurz, ganz kurz vorm Ausrasten,

predigt Tyler Durden den männlichen Modernisierungsverlierern.

Als Gegenwelt zur Hochglanzästhetik der Werbeindustrie errichtet Durden mit seinen Gefolgsleuten Clubs im Untergrund, wo Mann noch das sein darf, wovon man annimmt, dass es wahrer Männlichkeit entspricht: Mit bloßen Fäusten kämpfen sie gegeneinander in der Hoffnung, zu einem Wesenskern zu gelangen, was allerdings lediglich noch tiefer in die Aporien des Konsums führt: Um die Fight-Clubs zu finanzieren, stellen die Männer Seife aus abgesaugtem Menschenfett her und errichten für den Vertrieb eigene Shops, die bald zu einem globalen Franchise-System ausgebaut werden. Auf Instagram und Youtube werden Influencer dies unbewusst aufgreifen, wenn sie in Motivationscoachings jenen einen Ausstieg aus dem Hamsterrad versprechen, die bereit sind, einen eigenen Onlineshop zu gründen, »Founder« zu werden, um sich aus der Lohnabhängigkeit (häufig tatsächlich im Servicesektor) zu befreien.

Dass dabei ein durchtrainierter Körper, wie Tyler Durden ihn hat, ebenso wenig fehlen darf wie eine gewisse Härte gegenüber einer angeblich effeminierten Gesellschaft, ist eine weit verbreitete Ansicht, die wiederum zu einer Inflation der Fitness-Influencer führt. Tyler Durden und die Influencer machen selbst noch aus der Konsumkritik ein lukratives Geschäft.

Luden Filme wie *Fight Club* und *Die Truman Show* zu – weithin kommensurabler – Negation ein, betrieben andere Produktionen die totale Affirmation eines Lebensstils, der das von Francis Fukuyama diagnostizierte »Ende der Geschichte« zwar akzeptierte, aber möglichst bunt gestalten wollte – nicht zuletzt, um die melancholische Schlussthese des einflussreichen Essays aus dem Sommer 1989 zu nivellieren:

Das Ende der Geschichte wird eine sehr traurige Zeit sein. Der Kampf um Anerkennung, die Bereitschaft, sein Leben für ein abstraktes Ziel zu riskieren, der weltweit geführte ideologische Konflikt, der Wagemut, Courage, Vorstellungskraft und Idealismus aufblühen ließ, werden durch ökonomische Kalküle, durch das endlose Lösen technischer Probleme, durch Umweltängste und die Befriedigung verfeinerter Konsumwünsche ersetzt werden. In der posthistorischen Periode wird es weder Kunst noch Philosophie geben, nur noch die unablässige Pflege des Museums der menschlichen Geschichte. Ich fühle in mir, und nehme das auch in den Menschen um mich herum wahr, eine mächtige Nostalgie nach der Zeit, als die Geschichte noch existierte.[4]

Mit den von Fukuyama prognostizierten »Jahrhunderten der Langeweile« wollen sich neun Jahre später Carrie, Samantha, Charlotte und Miranda nicht abfinden. Ihr Gegenmittel: Shopping. In der Serie *Sex and the City* folgten Abermillionen Zuschauer vier Freundinnen auf dem Weg zum persönlichen Glück, das sich aus beruflichem Erfolg, einem aufregenden Sexleben, einer erfüllten Liebe (nur Samantha wird nicht heiraten, um ihre ausgeprägte Libido zu bewahren), vor allem aber aus dem Erwerb von Luxusprodukten zusammensetzt. »Jahr für Jahr kommen junge Frauen nach New York wegen der zwei Ls: Labels und Liebe«, konstatiert die Lifestyle-Kolumnistin Carrie Bradshaw (Sarah Jessica Parker) am Anfang des gleichnamigen Films zur Serie, der 2008 anlief, um ein bisher nie dagewesenes Product-Placement auf der großen Leinwand zu betreiben. Mehr als siebzig Marken der Mode-, Auto- und Alkoholindustrie wurden in den knapp 140 Minuten untergebracht. Regisseur Michael Patrick King erklärte seinen Film zur »teuersten Frauenzeitschrift der Welt«.

Mit dem Slogan »Schrei vor Glück« machte der 2008 gegründete Onlineversandhändler Zalando von sich reden, dieser Aufforderung kommen Carrie und ihre Freundinnen bereits Ende der neunziger Jahre nach. Gewiss, ekstatisch geht es mitunter auch in den Sexszenen zu, doch wahrhaft orgiastisch werden die Shoppingtouren zelebriert. Der »letzte Schrei« der Mode – hier wird er hörbar. Óscar de la Renta, Christian Lacroix oder Louis Vuitton sind nicht selten treuere Partner als die männlichen Bekanntschaften, passförmiger sind sie auf alle Fälle. Ob die Damen den Marken Charakter verleihen oder umgekehrt, vermag man nicht zu entscheiden, zumal viele Szenen durch nichts als die Lust am Shopping motiviert sind. Dezent ist es kaum, wenn die Kamera auf Logos zoomt oder der Apfel auf Carries Laptop verheißungsvoll leuchtet. Subtilität ist letztlich gar nicht gewollt, schließlich wird auch eine Modezeitschrift nicht trotz, sondern wegen der Werbeanzeigen gekauft.

Die vier Serienfiguren und die sie verkörpernden Schauspielerinnen wurden rasch zu Proto-Influencerinnen, insofern sie Millionen Frauen beeinflussten und den Konsum der zur Schau gestellten Modemarken ankurbelten. Keineswegs war es bei der Serienproduktion so, dass es sich überwiegend um bezahlte Werbekooperationen handelte, oft bestand das Sponsoring allein darin, dass die Unternehmen ihre Produkte gratis zur Verfügung stellten. Mit einem Budget von gerade einmal 15 000 Dollar pro Folge sollte Ausstatterin Sabrina Wright auskommen, häufig blieb sie dank der edlen Kleiderspenden deutlich darunter, was sich für die Konzerne gewinnbringend auszahlte. Speziell kleinere Independent-Labels verstanden früh, dass die Serie eine ideale Werbeplattform bot.

Besonders bemerkenswert ist der Fall Manolo Blahnik: Der Hersteller von Luxusdamenschuhen war in der Modewelt bereits seit den siebziger Jahren ein Begriff, doch erst durch die Serie gelangte er zu internationaler Bekanntheit. Leitmotivisch tauchen die verschiedenen High Heels immer wieder auf, so wenn Carrie sich ein Paar kauft, um damit einer Nebenbuhlerin auf Augenhöhe begegnen zu können, oder wenn sie von einem bewaffneten Straßenräuber überfallen wird, der es selbstverständlich auch auf ihre Stöckelschuhe abgesehen hat. Im Kinofilm wird ein Paar Manolo Blahniks gar zu dem, was Alfred Hitchcock als »McGuffin« bezeichnete: ein Objekt, das keine wirkliche Bedeutung hat, aber die gesamte Handlung antreibt. Als Carrie endlich gemeinsam mit Mr. Big, dem ewigen Traummann seit Staffel 1, eine mondäne Wohnung bezieht, wird der extra für sie eingerichtete begehbare Kleiderschrank mit einem blauen Paar Manolo Blahniks, Modell: Satin Pumps 133, eingeweiht. Doch die geplante Hochzeit, die zwar aus Liebe, aber nüchtern ökonomisch abwägend, ohne vorangegangenen romantischen Antrag geschlossen werden soll, platzt, als Mr. Big auf dem Weg zum Standesamt kehrtmacht, weil er plötzlich Bedenken hat, schließlich wäre es seine dritte Ehe. Carrie ist untröstlich, Samantha, Miranda und Charlotte können sie nur mit einem Kurztrip nach Mexiko wieder aufbauen. Nach einigen RomCom-typischen Irrungen und Wirrungen treffen sich Mr. Big und Carrie schlussendlich wieder in ihrem begehbaren Kleiderschrank, nun kniet er vor ihr und macht seinen Antrag. Er steckt ihr jedoch keinen Ring an den Finger, sondern zieht ihr die Manolo Blahniks an, in denen sie auch heiraten wird. Carrie wird Cinderella, Kostenpunkt: ca. 1000 Euro das Paar.

Die Figuren sprechen gern in Onelinern: »Meine erste eigene Louis Vuitton«, jauchzt etwa Carries Assistentin. »Dieser Ring ist mein schmuckgewordenes Ich«, erklärt Samantha. In *Sex and the City 2* aus dem Jahr 2010 nimmt sie Carrie, Charlotte und Miranda mit zu einem Trip nach Abu Dhabi. Eingeladen wurde die PR-Managerin von einem Scheich, um eine Werbestrategie für sein neues Hotel zu entwickeln. In vier weißen Maybachs geht es in das Fünfsterne-Luxusresort, schon bald warten die ersten Abenteuer. So darf – wie bei den Reise-Influencern – ein Basarbesuch ebenso wenig fehlen wie das Kamelreiten in der Wüste. Für jeden Anlass gibt es ein eigenes Outfit.

Versammelt werden hier in zwei Stunden nahezu sämtliche Bildwelten, die wenig später Instagram – die Plattform wird im selben Jahr gegründet – prägen sollten. Der Film zeigt zudem eine globalisierte Welt, in der die westliche Hegemonie noch intakt ist: In einer Karaokebar singen die vier Frauen Helen Reddys feministischen Hit »I am Woman« von 1971 – das Publikum bilden Einheimische, Touristen, Bauchtänzerinnen und eine Fußballmannschaft. Emanzipation wird dabei gleichgesetzt mit Konsum, was bedeutet, dass man sie sich leisten können muss. *Sex and the City* ist eine frühe Form dessen, was Feministinnen wie Nancy Fraser als »1-Prozent-Feminismus« bezeichnen.⁵ Dabei wird die popkulturelle Vorherrschaft der USA unbekümmert zur Schau gestellt, selbst die Niqabs hat die Konsumindustrie unterwandert: Als Carrie und die anderen auf dem Basar vor wütenden Traditionalisten, die sich an der Offenherzigkeit der Touristinnen stören, in einen Laden für Trockenblumen flüchten, werden sie von vier verschleierten Frauen in ein Hinterzimmer geführt. Die Muslimas öffnen bald stolz ihre Gewänder, und darunter, wie Carrie selbst aus dem Off kommentiert, »versteckt unter vielen hundert Jahren Tradition, zeigte sich die diesjährige Frühjahrskollektion« der omnipräsenten Modekonzerne.

In die Fußstapfen von Carrie und ihren Freundinnen will 2009 in *Shopaholic – Die Schnäppchenjägerin* die Journalistin Rebecca Bloomwood (Isla Fisher) treten, jedoch ist ihre ökonomische Situation eine andere. Sie besitzt zwar ein halbes Dutzend Kreditkarten, aber diese hat sie allesamt überzogen, was ihre Shoppinglust mitnichten bremst. Zu einem Leben auf Pump stiften auch die Influencer tagtäglich an, nicht zuletzt, da sie ihre Posts häufig mit Rabattcodes versehen, die binnen weniger Stunden eingelöst werden müssen. Der Follower soll sich zur Not verschulden, keinesfalls aber darf er sich die Chance auf ein einmaliges Angebot entgehen lassen. Überdies glauben nicht wenige, dass die erfolgreiche Instagram-Karriere über die vorläufige Verschuldung führt. So kaufen Möchtegern-Influencer sich selbst teure Mode, um in Posts und Storys vorzugeben, von den Luxuslabels gesponsert zu sein – in der Hoffnung, eines Tages tatsächlich zu denen zu gehören, für die das Matthäus-Prinzip gilt: »Wer hat, dem wird gegeben.«

Der Protagonistin aus *Shopaholic* steht im Jahr 2009

ein solcher Weg noch nicht offen, noch ist Instagram nicht gegründet. Als die kaufsüchtige Rebecca in einer Nobelboutique plötzlich zu zweifeln beginnt, ob sie diesen hauchdünnen türkisfarbenen Schal angesichts all ihrer Schulden wirklich braucht, fängt die Schaufensterpuppe auf einmal zu reden an: »Nun, wer benötigt schon einen Schal?«, fragt sie spöttisch. »Eine alte Jeans um den Hals würde dich auch warmhalten, das ist, was deine Mutter raten würde. Doch das Entscheidende an diesem Schal ist, dass er ein Teil deiner Psyche sein wird«, fährt sie freundschaftlich fort – mit Erfolg. Die sprechenden Schaufensterpuppen, das sind heute die Influencer, die ihre Follower tagtäglich zum Kauf überreden. Rebecca erhofft sich von dem neuen Schal mehr Erfolg beim anstehenden Vorstellungsgespräch. »Investieren Sie« in dieses oder jenes Kleidungsstück, ermuntert das Nobelkaufhaus Breuninger seine Kunden bei besonders hochpreisigen Teilen. Diesem Leitsatz folgen auch Rebecca und die Influencer in ihren Lehrjahren.

Mit dem massiven Aufkommen der Influencer in den zehner Jahren schwindet die Wirkmacht des Kinos: Plötzlich häufen sich Artikel auf den Panorama-Seiten der Zeitungen, in denen von Influencern die Rede ist, die für Massenaufläufe inklusive Verkehrschaos und Großeinsatz der Polizei sorgen, da sie via Youtube oder Facebook (das damals noch für junge Leute relevant war) zu einem spontanen Fantreffen aufrufen, während Filmstars wie Robert Pattinson oder Emma Watson sich immer unbehelligter in der Öffentlichkeit bewegen können – die Paparazzi sind in der Selfie-Ära ohnehin weitgehend obsolet geworden. Sie erlebten ihre letzte Hochphase mit It-Girls wie Paris Hilton, Nicole Richie oder Lindsay Lohan (die deutschen Varianten waren mit Jenny Elvers, Kader Loth oder Ariane Sommer naturgemäß weniger glamourös) in den nuller Jahren. Doch auch hier hatte sich ein Paradigmenwechsel in der Aufmerksamkeitsökonomie bereits vollzogen: Während Lohan ursprünglich durch ihre Schauspielerei Berühmtheit erlangt hatte, verdankten die anderen ihre Prominenz rein performativen Akten auf roten Teppichen: Wer als Star auftritt, muss einer sein. Die It-Girls waren die Vorhut der Influencer, da sie zu Stilikonen erklärt wurden, die nicht nur lukrative Werbedeals unterzeichnen konnten, sondern auch eigene Produktlinien herausbrachten. Wesentlich unmittelbarer als das Kino, von dem sie sich jedoch die etablierten Pathosformeln des Startums borgten, beeinflussten sie ein junges Publikum, das sich täglich auf Internetseiten wie der des Boulevardmediums TMZ oder des Bloggers Perez Hilton (eigentlich Mario Armando Lavandeira Jr.) herumtrieb, um zu erfahren, wer mit wem gerade Sex hatte, Party machte oder Drogen nahm – und vor allem: wer dabei welches Kleid trug.

Die Diskussion, inwiefern ein Film oder eine Berichterstattung zur direkten Nachahmung animiert, ist müßig. Fakt ist, dass im März 2010 in der *Vanity Fair* die aufsehenerregende Reportage »The suspects wore Louboutins« über Teenager aus der Mittelschicht erschien, die in den Hollywood Hills in die Häuser der It-Girls eingebrochen waren, um den bewunderten Sternchen nahe zu sein, deren Kleidung, Schmuck und Louboutin-Schuhe zu stehlen und um sich mit den erbeuteten Fashion-Artikeln auf Facebook zu inszenieren.[6] Die Teenager waren Follower im wahrsten Sinne des Wortes. 2013 setzt Sofia Coppola mit ihrem Film *The Bling Ring*, so der Name der Gang aus vier Mädchen und einem Jungen, ein Denkmal, mit dem das Kino allerdings auf einen Trend nur noch reagierte und ihn nicht mehr selbst setzte. Coppolas Ästhetik aber, die gekonnt auf Weichzeichner, zartrosafarbene Filter und Überbelichtung setzt, ist visionär, wenn die Figuren in ihren völlig austauschbaren Jugendzimmern inszeniert werden, wie sie sich die Kleider der Stars anlegen, für Fotos posieren, in kurzen Videos zu dröhnender Popmusik Faxen machen, als seien die Versprechen der Konsumindustrie wirklich wahr. Immer wieder zeigt Coppola in kurzen, mit lauter Musik untermalten Szenen die mit Haute Couture behangenen Protagonisten, die die Straße wie einen Catwalk entlanggehen oder auf dem Bett tanzend die Arme in die Luft werfen. Die chinesische App Tiktok lädt heute ihre mehr als zwei Milliarden Nutzer ein, ebensolche Videoschnipsel mit dem Smartphone zu produzieren. Auch diese Plattform haben die Influencer bereits erfolgreich erobert, und da Musik und Tanz keine Sprachbarrieren kennen, können nun nichtenglischsprachige Influencer noch besser internationale Popularität erreichen.

Die Mitglieder der Bling-Ring-Gang sind bei aller Skrupellosigkeit mehr Opfer als Täter, da sie dem schönen Schein wie Kleptomanen erlegen sind. Inwiefern auch die Influencer im »Verblendungszusammenhang« (Adorno) gefangen sind, wird noch zu untersuchen sein. Sie verhalten sich jedenfalls, zumindest vermitteln sie glaubhaft den Eindruck, nicht anders als Rebecca oder Carrie, indem sie selbst ihre besten Kunden zu sein scheinen. Womit die Influencer ein Grundproblem der Werbebranche lösen, das 2000 Nancy Meyers Film *Was Frauen wollen* noch mit einem hanebüchenen Plot zu meistern suchte: Mel Gibson spielt in der romantischen Komödie den kreativen Kopf einer Werbeagentur, die es bislang versäumt hat, Werbekonzepte für Produkte mit spezifisch weiblicher Zielgruppe (Lippenstifte, BHs etc.) zu entwerfen. Durch einen Stromschlag aber kann

Gibson plötzlich die Gedanken von Frauen lesen und konzipiert eine gelungene Kampagne. Sich in den Kunden hineinversetzen will die Werbeindustrie seit je, Disziplinen wie die Psychologie, die Neurolinguistik und die Verhaltensforschung sollen dabei helfen. Mit den Influencern, die oftmals als gewöhnliche Kunden ihre Karrieren gestartet haben, lässt sich auf viel unmittelbarere Weise sagen, »was Kunden wollen«, und auch beeinflussen, was sie künftig wollen sollen.

2. Die Retter des Kapitalismus?

09:55 Uhr, ein Influencer startet mit seiner Instagram-Story in den Tag: Dutzende Meter über den Swimming-Pools von Dubai hält er eine mit Haferbrei und einer Beerenmischung gefüllte Frühstücksschüssel in die Kamera. Über der sonnenbeschienenen Bowl prangt der Schriftzug »Morning Routine«, und nicht nur diese, sondern den ganzen restlichen Tag dürfen die Follower miterleben. Im folgenden Clip widmet sich der Netzprominente um die Mittagszeit im Zeitraffer der Hautpflege, die benutzten Produkte – Eye Serums und Lip Maximizer sowie deren Hersteller La Mer und Dior – werden genannt. Im Laufe der nächsten Stunden begleiten die Zuschauer ihr Vorbild zu einem Business-Meeting am heimischen Macbook, an den Badestrand und ins Wasser (»Es ist einfach pisswarm«) sowie zum Essen (»Yummy! Dinner time«). Zwischendurch wird die Story eines Followers verlinkt, der sich, inspiriert durch den Influencer, eine Smartwatch (Modell: Fitbit Versa 2) gekauft hat, danach geht es ins Fitnesscenter: Auf eine intensive Dehn-Session folgt das obligatorische Bauchmuskel-Training, das mit dem Beyoncé-Song »Get Me Bodied« unterlegt ist. Voller Glück möchte der Influencer im Anschluss in einer Instagram-Umfrage wissen, ob seine Follower heute schon Sport gemacht haben, und erklärt, er sei stolz, dass »Team Active« immer stärker werde. Nach einer Gesangseinlage (Katy Perry, »Teenage Dream«) ist Schluss – ein weiterer Tag ist absolviert, der dem gestrigen gleicht, wie ihm der morgige gleichen wird.

※※※

Das Problem der Kapitalbesitzer, Waren nicht nur zu produzieren, sondern ihren Wert auch zu realisieren (sie also zu verkaufen), beschrieb Karl Marx bereits im zweiten Band des *Kapitals*. Erst wenn die Ware einen neuen Besitzer gefunden hat und gegen Geld eingetauscht worden ist, kann der Kapitalist aufatmen – passiert dies nicht, wird das investierte Kapital entwertet, und die Lagerung der überschüssigen Ware kostet zusätzlich. Liegt im Produktionsprozess die Macht auf Seiten des Kapitals, verhält es sich im Realisationsprozess genau umgekehrt, weshalb der Kunde dem Verkäufer voller Spott begegnen kann, wenn dieser ihm sein Leid klagt. So schildert Marx das Verkaufsgespräch zwischen Kunden und Warenbesitzer:

> Der schließliche Käufer würde ihn [den Verkäufer] auslachen, wenn er sagte: Meine Ware war während sechs Monaten unverkaufbar, und ihre Erhaltung während dieser sechs Monate hat mir nicht nur soundso viel Kapital brachgelegt, sondern außerdem x Unkosten verursacht. Tant pis pour vous [Um so schlimmer für Euch], sagt der Käufer. Da neben Euch steht ein andrer Verkäufer, dessen Ware erst vorgestern fertig geworden ist. Eure Ware ist ein Ladenhüter und wahrscheinlich mehr oder minder angenagt vom Zahn der Zeit. Ihr müßt also wohlfeiler verkaufen als Euer Rival.[1]

Dieses Realisationsproblem des Kapitals versucht die Werbebranche seit ihrer Entstehung zu beantworten. Keine Stockung darf auftreten, kein Nachfragemangel soll herrschen, und so erweist sich das Werbegeschäft für die kapitalistische Produktionsweise als ebenso überlebenswichtig, wie es selbst von dieser abhängig ist. Zwar gab es bereits lange vor der industriellen Revolution Frühformen der Werbung (so wie auch schon vor der Herausbildung des Kapitalismus Waren für den Tausch produziert wurden, ohne dass deshalb die Tauschform gegenüber der Subsistenzwirtschaft ökonomisch dominant geworden wäre), doch erst mit dem Anbruch des industriellen Zeitalters konnte die Wirtschaftswerbung zu ihrer vollen Reife gelangen. So schreibt Hanns Buchli in seiner Geschichte der Reklame,

> daß schon im Juli 1734 in Paris eine polizeiliche Verordnung erschienen ist, welche das Verteilen von gewerblichen Flugblättern verbot, und zwar ist dieses Verbot zweifellos auf die damals noch bestehenden Zunftordnungen und weiteren Einschränkungen der gewerblichen Freizügigkeit zurückzuführen.[2]

Preisunterbietungen, die heute wohl als Wettbewerbsmittel zum Vorteil der Konsumenten gedeutet würden, sollten durch dieses Verbot verhindert werden. Erst als die Fesseln der feudalen Produktionsweise gesprengt waren, konnte sich mit dem Kapitalismus auch die Werbung entfalten.

Hierbei spielten gedruckte Zeitungen eine entscheidende Rolle. Buchli zufolge »publizierte der ›Moniteur Universel‹, wohl als erste Zeitung der Welt, am 5. Mai 1789« – im Jahr der Französischen Revolution also – »seine Inseratenpreise«. Nur zwei Jahre später, im Jahr 1791, wurde dann in Frankreich »ein Gesetz erlassen, welches die unbeschränkte Freiheit der Arbeit, Industrie und der Ausnützung jedes Gewerbes gewährte, und es war damit allen anderen Staaten weit voraus«.[3]

Von Inseraten bis hin zur Produktwerbung: Gemeinsam mit der Marktwirtschaft war eine neue Branche im Entstehen begriffen, die sich langsam zu einer eigenständigen entwickelte und zur Aufgabe hatte, die frohe Kunde der schönen Warenwelt omnipräsent werden zu lassen. Große Kampagnen in Zeitungen, im Radio und Fernsehen, auf der Litfaßsäule oder auf dem Smartphone sind seitdem ständige Begleiter des Kapitalismus, so dass sich eine neue Form der Ästhetik herausbildete, die Wolfgang Fritz Haug in den frühen siebziger Jahren als »Warenästhetik« analysiert hat.[4]

Für sie ist ein Widerspruch konstitutiv, der bereits früh von Marx im *Kapital* analysiert wird: die Unterscheidung zwischen Tausch- und Gebrauchswert. Der Käufer interessiert sich für die Ware, da sie für ihn einen praktischen Nutzen – mit Marx gesprochen: einen Gebrauchswert – hat. Praktisch meint hier nicht bloß den basalen Zweck einer Ware (etwa »Wärmt der Schal ausreichend?«), sondern auch, dass der Schal den Käufer jünger, erotischer oder modischer aussehen lässt.

Die Ware ist zunächst ein äußerer Gegenstand, ein Ding, das durch seine Eigenschaften menschliche Bedürfnisse irgendeiner Art befriedigt. Die Natur dieser Bedürfnisse, ob sie z. B. dem Magen oder der Phantasie entspringen, ändert nichts an der Sache,

stellt Marx fest.[5] Anders verhält es sich jedoch beim Warenbesitzer: Für ihn besitzt die Ware keinen praktischen Nutzen – täte sie dies, würde er sie wohl kaum verkaufen –, außer dass sie Trägerin von Tauschwert ist. Dieser Widerspruch ist der Ausgangspunkt von Haugs *Kritik der Warenästhetik*:

Vom Standpunkt des Gebrauchswertbedürfnisses ist der Zweck der Sache erreicht, wenn die gekaufte Sache brauchbar und genießbar ist. Vom Tauschwertstandpunkt ist der Zweck erfüllt, wenn der Tauschwert in Geldform herausspringt. Soweit die Logik des Tauschs bestimmend ist, gilt dem Verkäufer das, was dem andern Lebensmittel ist – die materiellen und immateriellen Dinge, deren dieser zum Leben bedarf –, ja fungiert praktisch das Leben des andern als bloßes Medium und Instrument, um an den Tauschwert zu kommen.

Dieser Widerspruch zwischen Verkäufer und Käufer, zwischen Tausch- und Gebrauchswert, findet in der Warenästhetik eine »Scheinlösung«. Sie schafft ein »Gebrauchswertversprechen«,[6] das den Kunden davon überzeugen soll, dass der Kauf der Ware seinem Wohlbefinden – und nicht der Bereicherung des Verkäufers – dient. Dies geschieht durch das ansprechende Design der Waren sowie die Verwandlung der Ware in eine Marke.

»Vergessen Sie einfach das Wort Banane!« inserierte 1967 die United Fruit Company (UFC) in der Bundesrepublik. »Merken Sie sich Chiquita!« Es gibt Warengattungen, für die den Menschen in den gegenwärtigen kapitalistischen Gesellschaften keine Gebrauchswertbegriffe mehr zur Verfügung stehen.

»An ihre Stelle«, resümiert Haug, »ist der gesetzlich geschützte Warenname getreten.«[7]

Für die Entstehung der Marke ist die Werbung konstitutiv, das von ihr erzeugte Gebrauchswertversprechen fällt jedoch selten mit dem realen Gebrauchswert zusammen, vielmehr handelt es sich um »ästhetischen Schein«: Die Ware wird gewissermaßen doppelt produziert: »erstens der Gebrauchswert, zweitens und extra die Erscheinung des Gebrauchswertes«.[8] So inszenieren Fernsehspots eine Verbindung zwischen der Nutzung eines Parfums und sinnlicher Liebe – wohlwissend, dass sich Letztere in der Realität selten durch das bloße Einsprühen mit einem Duftstoff einstellt.

Durch diesen Schein soll sichergestellt werden, dass nicht zum Ladenhüter wird, was unter Kapitaleinsatz und unternehmerischem Risiko produziert wurde. Und wie das Kapital permanent akkumuliert und reinvestiert wird, muss auch die Werbung dauerhaft neue Bedürfnisse kreieren, damit es zu keiner Stockung kommt. Zur Illustration beschreibt Haug die in die Krise geratene westdeutsche Modeindustrie der sechziger Jahre, die zu drastischen Mitteln griff, um neue Anzüge zu verkaufen:

Das Ergebnis waren Slogans, die Angstpotenziale mobilisierten, um am geltenden Standard des Aussehens des anständigen, ordentlichen und gepflegten Bürgers zu rütteln. »Wer Grau trägt, ist feige«, wurde proklamiert. »Alte Mäntel machen dick!« – »Alte Anzüge machen Männer müde!« – »Immer denselben Mantel tragen, ist wie aufgewärmtes Essen. Langweilig.« Alt – und das hieß konkret: älter als eine Saison – und Grau sollten gleichbedeutend werden mit feige, dick, müde und langweilig.[9]

Nicht immer sind die Kampagnen dermaßen nötigend, dennoch ist die Funktion der Werbung im Kapitalismus bis heute dieselbe: Sie soll die ständige Reproduktion des Kapitals absichern, indem den Konsumenten neue Waren schmackhaft gemacht werden, selbst wenn die alten vom Standpunkt des Gebrauchswerts ihre Funktion noch vollständig erfüllen. Und wie die *Warenästhetik* immer wieder die Erneuerung der Produktpalette besingen muss, wurde auch sie im Zuge der aufkommenden Massenmedien in immer kürzeren Zyklen revolutioniert.

So war die Werbebranche seit der Jahrtausendwende bereits mehrfach gezwungen, auf Änderungen im Medienkonsum zu reagieren: Als etwa die Bedeutung von Fernsehspots abnahm, wurde ab Beginn der nuller Jahre das Product-Placement zur bevorzugten Werbeart. Dies lag vor allem daran, dass durch Aufzeichnungen, aber auch durch Pay-TV-Angebote die Möglichkeiten der Mediennutzer gewachsen waren, Werbeunterbrechungen zu umgehen.[10]

Ab nun band man Waren immer stärker in Sendungen, Serien und Filme ein, wodurch die Wirkmächtigkeit verstärkt wurde. Ohne Gefahr zu laufen, die Zuschauer könnten umschalten, blieb der werbende Faktor erhalten, das Produkt wiederum wurde mit der Sendung assoziiert. Doch dieser Effektivitätsschub ist kaum zu vergleichen mit demjenigen, der durch die Kommerzialisierung des Internets ermöglicht wurde.

Nun wurde real, was der Werbeindustrie lange Zeit wie ein ferner Zukunftstraum erschienen war: die personalisierte Werbung, die gezielt Interessenten ansprach und nicht nur in der Breite (und damit an vielen vorbei) warb, wie es im Falle von Fernsehspots und ganzseitigen Zeitungsanzeigen der Fall gewesen war. Digitale Großunternehmen haben sich im Laufe der letzten zwei Jahrzehnte darauf spezialisiert, Nutzerdaten zu sammeln und auszuwerten, um effektiver als je zuvor werben zu können.

Die Krönung dieser Entwicklung der Onlinewerbung stellen zweifelsohne die Influencer dar. Wer werben will, muss nicht mehr umständlich herausfinden, wie die Zielgruppe anzusprechen ist: Ein Produzent von Nahrungsergänzungsmitteln muss lediglich einen Fitness-Influencer finden, der sich kooperativ zeigt und einer Produktplatzierung in seinem Onlinealltag zustimmt. Die Entlohnung der lebenden Litfaßsäule kann dann sogar vom Erfolg ihrer Werbewirkung abhängig gemacht werden (etwa mit sogenannten Affiliate-Links, durch die Firmen zur Kenntnis nehmen, wenn Nutzer vom Profil eines Influencers in den Webshop weitergeleitet werden), so dass große Enttäuschungen und Fehlinvestitionen vermieden werden. Die Social-Media-Stars wiederum schaffen durch die Bebilderung ihres Alltags Intimität, ohne aufdringlich zu werden, sie erscheinen wie Freunde, die ihren Followern voll guter Absichten ein Produkt empfehlen. In Wahrheit helfen sie vor allem sich selbst – und dem krisengebeutelten System bei der Realisation des Kapitals.

Die Krise(n) des Fordismus

Denn es kann kein Zweifel daran herrschen, dass die kapitalistische Produktionsweise – zumindest in den westlichen Staaten – in einer seit einem halben Jahrhundert andauernden Krise steckt. Diese bittere Diagnose stellen keineswegs nur die Kritiker, sondern auch die Anhänger des Kapitalismus ihrem Patienten. So sprach der ehemalige US-Finanzminister Larry Summers 2013 von einer »säkularen Stagnation« und einem »Dauerzustand langsamen Wachstums«[11] in den kapitalistisch verfassten Staaten. Diese erlebten zwar in den Nachkriegsjahrzehnten einen in der Menschheitsgeschichte einmaligen Anstieg des allgemeinen Wohlstands, doch spätestens mit der letzten großen Finanzkrise im Jahr 2008 wurde offenkundig, was lange Zeit verdrängt worden war: nämlich dass seit dem Einbruch der Wachstumsraten in den siebziger Jahren die Krisenbewältigungsstrategien der demokratischen Regierungen nur dazu gedient hatten, dem geschwächten System Zeit zu kaufen.

Wenn Philipp Staab heute die Herausschälung eines »genuin digitalen Kapitalismus«[12] spätestens auf die Jahre nach 2008 datiert, ist dies also kein Zufall – wenngleich sich mit dem Siegeszug der großen Netzplattformen kein neues Akkumulationsregime etabliert hat.[13] Den Aufstieg der Influencer kann nur verstehen, wer den jüngsten historischen Übergang in der Geschichte des Kapitalismus mitsamt seinen Neuerungen und Kontinuitäten begreift.

Das fordistische Wirtschaftsmodell der Nachkriegsjahrzehnte hatte in vielen westlichen Staaten für einen Boom gesorgt. Langlebige Konsumgüter wurden in Masse produziert und konsumiert, viele Haushalte konnten sich zum ersten Mal einen Fernseher oder ein Auto leisten. Millionen Menschen wurden aus der Armut herausgehoben,[14] die Zuwächse der Arbeitsproduktivität und des geschaffenen Wohlstands waren konstant hoch und wurden auch an die Arbeitenden weitergegeben: in Form an die Produktivitätssteigerung gekoppelter Lohnerhöhungen und kürzerer Arbeitszeiten. Ab Beginn der siebziger Jahre kam dieses Akkumulationsregime jedoch ins Stocken. Das Problem: Die Nachfrage nach langlebigen Konsumgütern wurde geringer, als beinahe jeder Haushalt über Kfz und Waschmaschine verfügte. Die »Saturierung der Märkte und die wachsenden Unterkonsumptionsprobleme in der Gesamtökonomie«[15] wurden somit zum Fallstrick für die kapitalistischen Industriestaaten, deren Aufschwungsstrategie sich erschöpft hatte. Auch die Bewältigungsversuche der Regierungen schufen jahrzehntelang kein aussichtsreiches Modell, das mit vergleichbaren Aufstiegschancen für eine breite Bevölkerungsmehrheit verbunden gewesen wäre. Stattdessen wurde die Nachfragekrise immer wieder verschoben, zuletzt durch die steigende Verschuldung privater Haushalte, der eine Liberalisierung und Expansion der Finanzmärkte vorausgegangen war.[16] Stagnierende Löhne, steigende private Verschuldung – diese Wachstumsstrategie konnte nicht von Dauer sein, und sie nahm immer absurdere Züge an: So berichtete das *Handelsblatt* 2004, der durchschnittliche US-Bürger verfüge über sechs (!) Kreditkarten.[17]

Diese Versuche, die Nachfrage durch einen »privatisierten Keynesianismus« (Colin Crouch) zu stimulieren, stießen mit der US-Häuserkrise ab 2006 an ihre Grenzen, als massenweise Kredite mit geringer Bonität ausfielen, was eine Reihe globaler Finanz-, Währungs- und Wirtschaftskrisen nach sich zog. Dies war der (vorläufige) Höhepunkt einer Entwicklung, die sich seit Jahrzehnten angebahnt hatte und die immer wieder verschoben worden war. Der digitale Kapitalismus stellt eine Reaktion auf sie dar, aber keine Lösung.

Eine solche wäre nämlich ein neues Akkumulationsregime, das einen mit dem der Nachkriegsjahrzehnte vergleichbaren materiellen Aufschwung mit sich bringen würde – und damit Quelle einer dringend notwendigen Relegitimation des Kapitalismus wäre. Doch von einer solchen Erneuerung ist, gerade mit Blick auf die digitalen Giganten, bis heute nichts zu sehen. Abgesehen von Apple, dessen Hauptgeschäft tatsächlich in der Produktion von Hardware besteht, verfügen die übrigen drei Gafa-Unternehmen (Google, Amazon, Facebook) derzeit über kein Geschäftsmodell, das eine breite Wohlstandsmehrung mit sich bringen könnte. Bis auf AWS, den Cloud-Dienst von Amazon, verdienen sie vor allem durch die Werbung für Güter (Google, Facebook) bzw. durch den Verkauf ebendieser (Amazon). Zugespitzt gesprochen: Sie sind in einem materiellen Sinne »unproduktiv« und leben fast ausschließlich von Werbung und von Renten, das heißt von Margen, die sie aufgrund ihrer Machtposition im kommerziellen Internet beziehen können.

Diese »Vermachtung« des Internets führt Philipp Staab auf die Entstehung neuer Märkte zurück, die er als »proprietäre Märkte« beschreibt. Staab zufolge funktionieren diese wie ein »Marktplatz in Privatbesitz«,[18] so dass die Marktbesitzer den Zugang kontrollieren können, aber auch selbst ihre Gewinnmargen bestimmen:

Was beispielsweise hält Google oder Apple davon ab, statt dreißig Prozent vierzig Prozent der App-Store-Umsätze für sich zu reklamieren? Wer seine Margen selbst bestimmt, kann sich auch unter Bedingungen der Stagnation satte Gewinne und exorbitantes Wachstum leisten.[19]

Genau deshalb sind die Digitalkonzerne bei Anlegern so beliebt, sie erscheinen wie eine letzte ertragreiche Anlagequelle in einer Wüste der Stagnation. Insbesondere bei Google und Facebook ist jedoch erkennbar, dass sie bis heute kein Geschäftsmodell entwickelt haben, das über die Sammlung und Auswertung von Nutzerdaten und personalisierte Werbeanzeigen hinausgeht. Diese von Anlegern immer wieder monierte Abhängigkeit vom Werbegeschäft wird in den Quartalsberichten der Oligopolisten deutlich: Die darin aufgeschlüsselten Umsätze lassen etwa erkennen, dass weit über 80 Prozent der Alphabet-Umsätze durch Google- und Youtube-Werbung generiert werden (im Jahr 2019 entstammten 134,8 der von Alphabet eingenommenen 161,8 Milliarden US-Dollar dem Advertisement). Noch dramatischer ist die Abhängigkeit Facebooks von Werbegeldern: Im dritten Quartal 2020 entstammten 21,221 von 21,470 Milliarden umgesetzten US-Dollar dem Werbegeschäft – eine Quote von fast 99 Prozent.[20]

Diese digitalen Großunternehmen konzentrieren sich also nicht auf die Produktion eigener Güter,[21] sondern vermitteln vorrangig Unternehmenswerbung an potenzielle Kunden. Somit reagieren sie durchaus auf die Nachfragekrise, in der sich der Kapitalismus seit Jahrzehnten befindet, optimieren die Werbewirkung und generieren so gewiss Umsätze für die werbenden Unternehmen. Das grundsätzliche Problem der Marktsaturierung und des allgemeinen Nachfragemangels durch stagnierende Löhne wissen sie jedoch nicht aufzulösen. So gesehen »erscheint die Plattformökonomie letztlich eher als eine Zuflucht für Überschusskapital in einer Zeit ultraniedriger Zinsen sowie trüber Investitionsaussichten und nicht so sehr als eine Avantgarde, die den Kapitalismus neu beleben wird«, wie Nick Srnicek feststellt.[22]

Plattformen und Influencer

Mit der Kommerzialisierung des Internets geht auch der Aufstieg der Influencer einher. Sie optimieren die Rolle der digitalen Kapitalrealisateure. Zwar können die großen Plattformen durch ihre Fähigkeit, gigantische Datenmengen zu erheben und zu analysieren, Konsumwünsche gezielt ansprechen. Dennoch handelt es sich dabei im Regelfall um klassische Werbeanzeigen, während die Influencer das perfektionierte Testimonial sind. Mit diesem Begriff wird in der Marketingliteratur eine Werbeform bezeichnet, in der Prominente Produkte empfehlen und die vor allem von der Glaubwürdigkeit ihrer Protagonisten lebt. Diese Methode ist zwar älter als das kommerzielle Internet – die ikonische Haribo-Werbung des Fernsehmoderators Thomas Gottschalk ist nur ein berühmtes Beispiel von vielen –, doch durch den digitalen Kapitalismus konnte das Testimonial zur entscheidenden Werbeform der Gegenwart aufsteigen. Ob Fernsehmoderatoren tatsächlich zur Süßigkeit greifen, muss den Zuschauern zwangsläufig ein Geheimnis bleiben, bei den Influencern verhält es sich anders. Sie filmen sich und ihre Produkte täglich selbst – Fitness-Influencer beim Anrühren und Trinken von Proteinshakes, Beauty-Influencer beim Schminken usw. –, so dass die Glaubwürdigkeit des digitalen Testimonials gegenüber der Fernsehwerbung mit Prominenten deutlich höher ist. Und noch in einer weiteren Hinsicht sind die Influencer klassischen Formen der Werbung überlegen: Das Modell der Anzeigenwerbung im Netz ist immer stärker von sogenannten Ad-Blockern bedroht. Nutzern werden dann keine Werbeanzeigen mehr angezeigt, wodurch das klassische Geschäft von Google oder Facebook in die Krise geraten könnte.[23] Die Influencer lassen sich jedoch nicht mit einem Ad-Blocker entfernen, da sie lediglich »Content« generieren, in den die Produkte eingebunden werden – und die Nutzer wollen sie auch gar nicht blockieren, da sie die Influencer nicht als Störung, sondern als Bereicherung wahrnehmen. Die Welt scheint auf den Kopf gestellt: Wurde Werbung früher als lästig empfunden – von Unterbrechungen spannender Filme in Fernsehausstrahlungen bis hin zu blinkenden Werbeanzeigen am Rande von Onlineartikeln –, ist dies auf Youtube und Instagram nicht der Fall. Stattdessen sehen sich die Nutzer sozialer Medien täglich die banalen Szenen des mit Produkten ausstaffierten Influencer-Alltags, sprich: reine Dauerwerbesendungen an. Gerade die alltäglichen Momente sind es, die den Schein der Authentizität erzeugen und den Konsum der Ware als etwas Selbstverständliches, fast schon Natürliches erscheinen lassen.

Auf Instagram sind diese Szenen meist in die Story eingebunden. Storys wurden ursprünglich vom Konkurrenten Snapchat entwickelt und dann von Instagram kopiert: In ihnen lassen sich kurze Videoclips und Fotos hochladen, die nach 24 Stunden automatisch gelöscht werden – so sind die Fans ihren Idolen immer tagesaktuell nah. Zwar kann man auch dauerhaft abrufbare Beiträge auf Instagram stellen, doch die Einbindung der Produkte in den flüchtigen Alltag ist für Werbepartner die perfekte Mischung aus Product-Placement und Testimonial. Zudem werden die Zuschauer durch die automatische Löschung der Story-Beiträge dazu animiert, täglich die Profile ihrer Idole aufzurufen, um keinen Moment zu verpassen. Snapchat-Gründer Evan Spiegel, der sich von Instagram betrogen fühlt, erklärt sein Tool folgendermaßen: »Jeden Tag aufzuwachen und einen neuen Tag vor sich zu haben, aber nicht daran gemessen zu werden, wie man sich noch gestern dargestellt hat, ist wirklich lebensbejahend und anregend.«[24] Und es ist verkaufsfördernd: Täglich können neue Produkte beworben werden, vergessen ist ohnehin, womit sich der Influencer letzte Woche noch die Lippen pflegte oder die Haare wusch.

Sind die Influencer besonders umtriebig, müssen sie auf Instagram nicht nur für fremde Produkte werben. Ganz besonders Beauty-Influencer tun sich bei der Produktion eigener Marken hervor und vertreiben Kosmetika unter ihrem Namen, die häufig von der Community euphorisch aufgenommen werden. Neben diesen materiellen Produkten können aber auch E-Books (häufig mit Fokus auf Themen wie Finanzen, Beauty und Selbsthilfe – oder wie es neuerdings heißt: Selbstliebe) und Instagram-Filter (sogenannte Presets) erworben werden, die die Nutzer über ihre Bilder legen können, um ihren Idolen etwas ähnlicher zu werden.

Auf Youtube sind die Möglichkeiten, Werbeeinnahmen zu generieren, noch größer: Zuallererst werden die Influencer von Google an den Einnahmen beteiligt, die der Konzern durch die den Videos vorgeschalteten Spots generiert. Aber auch im Video kann geworben werden, etwa durch Sponsorings und Product-Placements in Vlogs, die den Alltag der Influencer zeigen. Nicht selten enthalten die Videobeschreibungen unzählige Links zu anderen Websites. Jedes einzelne Kleidungsstück, jedes Besteckset, jede erwähnte Marke wird verlinkt, häufig mit Verweis auf Rabattcodes. Gekrönt wird die Youtube-Werbung durch Videos, die nur Produkte enthalten. Bei den Nutzern sind Unboxing-Videos, die das Auspacken von Produkten in Szene setzen, ebenso gern gesehen wie Beiträge, in denen die Protagonisten auf Shopping-Tour gehen – meist in Verbindung mit lustig anmutenden Herausforderungen (oder im digitalen Neusprech: »Challenges«): »1 Minute Zeit um 500 € auszugeben!«, »Jeden PINKEN Artikel den ich sehe, muss ich kaufen« und »Das komplette Alphabet bestellen!« heißen nur drei Videos der berühmtesten Beauty-Youtuberin Deutschlands, die den Einkauf mit Entertainment verquicken.

Es ist, als hätten Millionen junge Zuschauer Teleshopping-Kanäle zu ihren liebsten Fernsehsendern erkoren. Die Influencer haben die Werbung perfektioniert und konkurrieren nun sogar mit den Netzgiganten auf deren eigenen Plattformen. Youtube gehört schon seit 2006 zu Google, Instagram wurde 2012 von Facebook aufgekauft. Die Influencer graben den Großunternehmen so einen immer größeren Teil ihrer Einkünfte ab, die ohnehin stark durch Ad-Blocker gefährdet sind. (Diese Werbeblocker werden bei Instagram ausgebremst, da die Plattform nach wie vor als Smartphone-App konzipiert ist, die sich an PCs nur eingeschränkt nutzen lässt.) Das Verhältnis zwischen den Influencern und den Besitzern der Plattformen ist daher ein ambivalentes. Google und Facebook sind auf jeden »Content-Creator« angewiesen, der Nutzer auf ihre Plattformen lockt – gleichzeitig konkurrieren sie mit ihm um Werbekunden.

Diese Dynamik kommt auch in Machtspielen zwischen beiden Parteien zum Ausdruck. So erläutert eine erfolgreiche Youtuberin zu Beginn eines ihrer Videos (in welchem erklärt wird, wie das Dekolleté ansprechend drapiert wird), dass sie nicht von »Brüsten« sprechen dürfe, da ihr Video ansonsten weniger Nutzern angezeigt werde. Durch scharfe (und häufig prüde) Nutzungsbedingungen werden die Netzstars gezwungen, sich den Vorgaben der Betreiber anzupassen. Wer nicht spurt, wird vom Algorithmus bestraft und droht, in Vergessenheit zu geraten.

In Extremfällen gehen die Plattformen sogar dazu über, Kanäle zu sperren, wenn sich deren Betreiber nicht an die Nutzungsbedingungen halten. Die Idealvorstellung, die Influencer würden über ihre Produktionsmittel[25] vollends selbst verfügen, ist daher realitätsfern. Zwar sind sie im Besitz ihrer Smartphones und Instagram-Accounts, aber sie hängen dauerhaft von der Gnade der Plattformen ab, auf denen sie sich präsentieren. Die wichtigsten Produktionsmittel für das Influencer-Business, nämlich die Plattformen selbst, liegen in den Händen der digitalen Großkonzerne, weshalb diese den Influencern die Spielregeln diktieren können. Auf den Netzprominenten lastet somit die permanente Bedrohung, sie könnten als Nächstes schlechter gerankt, seltener angezeigt oder gar gesperrt werden. Trotz ihres mitunter exorbitant hohen Einkommens ist ihre Lage prekär.

3. Die Entstehung der Werbekörper

»Je vois la vie en rose«: So besang Édith Piaf einst die große Liebe. Ein Dreivierteljahrhundert später dient die von der Chanson-Ikone verehrte Farbe weniger der Lobpreisung der höchsten Gefühle als vielmehr der Umgarnung heranwachsender Frauen durch die Werbebranche, wie die für ein Instagram-Foto am Strand posierende Influencerin demonstriert. Rosa Lippenstift, rosa Oberteil, rosa Haarband, rosa Fingernägel: Die Kleidung sowie die Accessoires reproduzieren Klischees von Weiblichkeit, die allen emanzipatorischen Fortschritten zum Trotz bis heute gewinnbringend genutzt werden können. Das Objekt der Begierde, dessen Image mit den Reizen der lächelnden jungen Frau verquickt werden soll, ist ein rosafarbener Parfumflakon, den sie in ihrer rechten Hand hält. Nach der obligatorischen Frage an die Community – »Wann wart ihr das letzte Mal so richtig glücklich? Was hat euch gute Laune bereitet? Bei mir war es nach langer Zeit 1 Tag am Meer – perfekt zum entspannen und loslassen« – kommt die Influencerin in der Bildbeschreibung zum eigentlichen Zweck ihres Posts: »Mit dabei auf unserem Trip zum Meer hatte ich meinen neuen Lieblingsduft ›IRRESISTIBLE!‹ von @givenchybeauty. Dieses Eau de Parfum hat mich total überzeugt durch seinen fruchtig-sanften, pudrigen, aber vor allem femininen Duft, der mir immer gute Laune macht und mich ab sofort auch an diese tollen Momente erinnert.« Die Gleichsetzung von guter Laune und Glück irritiert die Community anscheinend so wenig wie der Marketingsprech: Mehr als 90 000 Fans haben diesem Bild ein Herzchen geschenkt. »Mon cœur qui bat.«

✳✳✳

Auch wenn die Rolle der Influencer im digitalen Kapitalismus darin besteht, die Realisation des Kapitals sicherzustellen, bedeutet dies keineswegs, dass ihr Selbstverständnis von dieser Mission bestimmt ist. Im Gegenteil, viele Influencer scheinen ihren eigenen Beruf falsch zu verstehen. Beispielhaft dafür ist eine Aussage des vielleicht bekanntesten Youtubers Deutschlands, der dem Medienmagazin *Zapp* im Oktober 2019 sagte: »So 'ne Anne Will ist ein Influencer, ich bin ein Influencer, die ›FAZ‹ ist ein Influencer – wir sind alle Influencer, wir alle beeinflussen Menschen«,[1] so als wäre der Begriff an den bloßen, wie auch immer gearteten Einfluss und nicht an die spezifische Werbeform des Influencer-Marketings geknüpft.

Wodurch entsteht diese Diskrepanz? Wie kann es sein, dass Youtuber und Instagram-Stars, deren systemstabilisierende Aufgabe in der Vermarktung von Produkten besteht, sich häufig weniger als Werbegesichter denn als inspirierende Entertainer und Freunde der Community verstehen – oder zumindest öffentlich als solche präsentieren? Handelt es sich hierbei um eine bloße Blendung des Publikums, dem Unterhaltung anstatt kommerzieller Interessen vorgegaukelt werden soll? Nein, eine solche Unterstellung griffe zu kurz, vielmehr erscheint die Rolle der Influencer aus ihrer individuellen Sicht anders als aus der Perspektive des Kapitals.

Bis auf wenige Ausnahmen wie Fußballer und Popstars, die aufgrund ihrer vorherigen Prominenz problemlos Millionen Follower um sich scharen können, müssen fast alle Influencer einen beschwerlichen Weg auf sich nehmen. Sie müssen in monate- oder gar jahrelanger Arbeit der Netzwelt Unterhaltung – etwa in Form lustiger Videos oder schöner Reisebilder – bieten und eine Community aufbauen. Erst dann kann die so gewonnene Reichweite für Werbebotschaften genutzt werden. Kein Unternehmen käme auf die Idee, Instagrammer mit zwei Dutzend Followern für eine Werbekampagne zu engagieren.

Dies lässt sich anhand der ersten Youtuber-Generation verdeutlichen: Sie bestand aus bis dahin unbekannten Jugendlichen, die zur richtigen Zeit am richtigen Ort waren. Sie experimentierten vor der Kamera herum und stellten das Ergebnis ins Netz – ganz gleich, ob es sich um selbstgeschriebene Sketche, Parodien von Lady-Gaga-Videos oder Schminktipps handelte. Diese Clips wurden nicht des Geldes, sondern der Aufmerksamkeit und Anerkennung wegen veröffentlicht, und wer sie heute aufruft, wird erstaunt sein, wie unselbstbewusst die jetzigen Klick-Millionäre damals in die Kamera lächelten, wie dilettantisch ihr Videoschnitt war und wie amateurhaft ihre Beleuchtung. Dann professionalisierten sie sich jedoch in Windeseile: Die Clips wurden aufwendiger produziert, schneller geschnitten, besser gefilmt – und konnten monetarisiert werden.

Bereits 2007, zwei Jahre nach der Unternehmensgründung, startete Youtube das Partner-Programm: Die Plattform schaltet dabei vor den Videos ihrer Produzenten Werbespots, an denen beide Parteien verdienen. Dieses Programm bildet die erste Einkommensquelle für die frühen Youtuber, die zu diesem Zeitpunkt noch keine Influencer waren. Doch das sollte sich in den folgenden Jahren ändern, als sie eigene Kooperationen angeboten bekamen, ihren Alltag teilten und Produkte in die Kamera hielten, kurzum: als das Influencer-Marketing entstand.

Es lassen sich also zwei Phasen unterscheiden: Erst entstehen Netzstars, die Abertausende Fans um sich versammeln. Dann werden diese Stars zu Influencern. Damit wird auch verständlich, weshalb einige professionelle Youtuber ihre Rolle als Kapitalrealisateure nicht begreifen: Sie sehen sich als Entertainer, die nebenbei werben, da sie in genau dieser Reihenfolge Karriere gemacht haben. Heute hingegen beginnt fast jede Netzkarriere mit ökonomischem Kalkül. Das Kapital wiederum, repräsentiert durch werbewillige Unternehmen, findet sie als prominente Entertainer vor, die nun ihrem eigentlichen (und ihnen nicht bewussten) Zweck zugeführt werden sollen.

Vom Inhalt zum Content

Dabei kann das werbewillige Kapital mittlerweile auf eine gigantische Reservearmee von Influencern zurückgreifen. Sarah Frier, die eine erste umfassende Unternehmensgeschichte Instagrams geschrieben hat, rechnet vor:

Mehr als 200 Millionen Instagram-Nutzer [bei ca. einer Milliarde aktiven monatlichen Nutzern] haben jeweils mehr als 50 000 Follower; laut Dovetale, einem Unternehmen, das Influencer-Analysen durchführt, kann man auf diesem Niveau seinen Lebensunterhalt verdienen, indem man im Auftrag von Marken postet.[2]

Der vielleicht wichtigste Schachzug der Instagram-Gründer bestand darin, Prominente (und damit deren Fans) auf die Plattform zu locken – jedoch nicht, um nur den Stars eine weitere Bühne zu geben: Stattdessen sollten diese ihren Followern vormachen, wie sie auf Instagram ihren Alltag teilen können. So etwa die Popsängerin Taylor Swift, die sich mit ihrer Katze filmen ließ und damit demonstrierte, »dass es bei Stories nicht um gestellte Momente geht«.[3] Geteilt werden sollte nicht bloß das

Besondere, sondern insbesondere das Alltägliche, das nun alle Nutzer mithilfe von Filtern ästhetisieren konnten. Diese Demokratisierung, die den großen Plattformen trotz ihrer oligopolistischen Stellung zu eigen ist, machte es Unbekannten möglich, in kürzester Zeit zu Berühmtheiten aufzusteigen.

Aber wieso setzen sich einige Nutzer in diesem demokratisierten Wettbewerb durch – und viele andere nicht? Ein Patentrezept für den Onlineerfolg gibt es keineswegs, auch wenn unzählige Ratgeberbücher Derartiges versprechen. Auszumachen sind jedoch in allen sozialen Netzwerken ähnliche Karrieren: Nicht nur auf Youtube, auch auf Instagram oder Tiktok gab es in den ersten Jahren findige User, die vor allen anderen verstanden, was »sich klickt«. Diese Pioniere trafen einen bis dahin unbekannten Nerv und kreierten Genres, die vor der Entstehung sozialer Netzwerke undenkbar schienen. Insbesondere Zuschauern, die mit dem linearen Fernsehen aufgewachsen sind, werden diese Bilder und Videos wie kulturelle Erzeugnisse von einem anderen Stern erscheinen: Auf Videoplattformen sind etwa Clips besonders erfolgreich, die in irgendeiner Art und Weise von den Zuschauern als »satisfying«, also als »befriedigend« empfunden werden. So gibt es Youtube-Kanäle, auf denen sich die Zuschauer minutenlang ansehen, wie hydraulische Pressen Gegenstände zerdrücken. Derartige Zerstörungsvideos reizen das Auge, ohne den Verstand anzusprechen, und können abends im Bett, in langwierigen Stunden im Büro oder auf öden Bahnfahrten gleichermaßen gut konsumiert werden. Je teurer die zerquetschten Gegenstände (das heißt: je obszöner die Zerstörung), desto besser klicken sich die Clips, und das haben auch die Influencer verstanden. Immer wieder laden sie Videos hoch, in denen sie vergleichbare »Experimente« durchführen und teure Konsumgüter – am liebsten Iphones – schänden: »Ich ZERBEISSE ein iPHONE« (1,2 Millionen Aufrufe), »Ich stecke ein iPhone in den MIXER!!!« (2,8 Millionen Aufrufe), »Das schärfste Messer – ich ZERSCHNEIDE ein iPHONE!!« (5 Millionen Aufrufe) und »UNZERSTÖRBARE Handyhülle – iPhone zerstören« (5,9 Millionen Aufrufe)[4] – diese vier Videos entstammen allesamt dem Kanal eines einzigen Youtubers und demonstrieren, dass Millionen junge Menschen es sich schon lange abgewöhnt haben, dem »Content« der Influencer wirkliche Inhalte abzuverlangen. Die so entstandene Unterhaltung dient der Realisation des Kapitals in erweiterter Form: Zusätzlich zur Methode der geplanten Obsoleszenz – das heißt der künstlich verkürzten Lebensdauer von Geräten – sorgen die Influencer mit ihren Videos für eine forcierte: Die von ihnen zerstörten Geräte sollen Begehrlichkeiten im Publikum wecken, den eigenen Besitz zu erweitern (oder zu erneuern). Hieß es früher einmal »Alte Mäntel machen dick!«, heißt es heute: »Alte Handys gehören in den Mixer!«

Ähnlich beliebt wie die Zerstörungsorgien sind »Experimente« à la »Wie viel Geld kann man in nur 5 MINUTEN bei dm ausgeben?« oder »BADEN in 40 kg NUTELLA!!«. Verquickt werden die großen Marken mit dem Renommee der Influencer, und das nicht nur, wenn diese von den Konzernen für Werbung bezahlt werden. Auch sonst singen sie tagtäglich das Lied des Konsumismus: Die beliebten Videos und Fotos drehen sich fast immer um die Segnungen des Shoppings oder die physischen Grundbedürfnisse der Influencer, wie insbesondere auf Instagram sichtbar wird. Die Follower können dank der Storys mit ihren Vorbildern den gesamten Tag verbringen, der sich (abgesehen von dem in Szene gesetzten Reichtum) kaum von ihrem eigenen unterscheidet: Die Influencer stehen morgens auf, sie waschen und schminken sich (vor allem die Frauen, aber auch die Männer greifen zu Kosmetikprodukten), frühstücken, überlegen, was sie zu Mittag essen könnten, gehen zum Sport, essen zu Abend und gehen schlafen. Unterbrochen wird diese Nabelschau einzig durch Werbung, die sich perfekt in den Alltag einbinden lässt. Schon morgens im Badezimmer werden die ersten Produktplatzierungen für Hautcreme und Lip Maximizer in die Storys eingeflochten, bei der Auswahl des Outfits kann ein Modehersteller verlinkt werden, und der Sport dient der Bewerbung des eigenen veganen »Energy & Focus Booster« mit dem vielversprechenden Namen »Booty Pump« (Geschmacksrichtung: Pfirsich-Maracuja). Einzig der Stuhlgang bleibt der Community bislang verborgen, während das öffentlich-rechtliche Vorabendprogramm mit Werbespots für Produkte zur Verdauungsförderung und gegen Inkontinenz durchsetzt ist. Es bleibt spannend, ob die Influencer diesen demografischen Wandel bald auch vollziehen werden.

Beinahe nie wird den Followern etwas über die körperlichen (oder konsumistischen) Grundbedürfnisse Hinausgehendes präsentiert. »Inhalte überwinden«, das Motto der Satirepartei Die PARTEI, ist in den sozialen Medien zum unironischen (wenn auch nie ausgesprochenen) Mantra geworden. Zwar gibt es auf Youtube und Instagram in Nischen ernst zu nehmende Inhalte, etwa in der Do-it-yourself-Rubrik, wo gekocht, geangelt oder gebastelt wird. Diese »Content Creators«, wie Youtube sie nennt, haben ihre Hobbys unter anderem dadurch zum Beruf machen können, dass sie sich über Influencer-Marketing finanzieren, wenn sie Kooperationen mit Firmen eingehen, deren Produkte sie in den Videos verwenden. Häufig sind diese Nischen-Influencer jedoch nur mit ihrer jeweiligen Tätigkeit in den sozialen Medien präsent, sie stellen in der Regel nicht ihr Ich und ihr Privatleben aus.

Die meisten Influencer, zumal solche mit höherer Reichweite, tun jedoch genau das. Sie präsentieren ihren gesamten Alltag, so dass die Grenzen zwischen privatem und öffentlichem Leben vollends verschwimmen. Selbst die eigenen – oftmals mit Lebensweisheiten und Pampasgras geschmückten – vier Wände werden einem Millionenpublikum zugänglich, die »Tyrannei der Intimität« (Richard Sennett) ist im kommerziellen Internet allgegenwärtig. Jeglichem Inhalt erteilen die Influencer eine Absage, sie drehen sich permanent um sich selbst und reduzieren sich auf ihren Körper und ihre Konsumwünsche. Durch diese (scheinbare) Authentizität können die Bedürfnisse der Follower manipuliert werden, und das umso glaubwürdiger, als die Netzprominenten ihre Karriere oftmals selbst als unbezahlte Konsumenten begonnen haben. Ihre Individualität reduziert sich auf die Varianz der von ihnen beworbenen Produktpalette, so dass anstelle der »feinen Unterschiede« (Pierre Bourdieu) nur noch grobe übrig bleiben. Der Lebensstil der Influencer ist eben nicht der »feiner Leute«, er entspricht vielmehr demjenigen des berüchtigten Kardashian-Jenner-Clans, der es aus dem Reality-TV in die oberste Liga des Influencer-Business geschafft hat. Schminke, Kleider, Schuhe, Nagellack: Die Influencer sind nicht bloße Werbefiguren, wie wir sie einst kannten. Sie sind Werbekörper.

Ihr Vorbild ist gewissermaßen das Tamagotchi: Dieses digitale Küken in einem Plastik-Ei, das immer wieder gefüttert und gepflegt werden will, da es ansonsten »stirbt«, war eines der beliebtesten Spielzeuge der späten neunziger und frühen nuller Jahre. Die erste Generation von »Digital Natives« wuchs mit diesem Spielzeug auf, zog das digitale Haustier groß und achtete darauf, dass dessen körperliche Bedürfnisse erfüllt wurden. Als ähnlich nutzerabhängig stellen sich die Influencer dar (auch wenn sie es in Wahrheit nicht sind): Welches Kleid sollen sie anziehen, welches Essen soll verspeist, welche Schminke soll ausprobiert werden? Derartige Fragen stellen die Influencer der Community immer wieder. Die Umfragen bleiben zwar fast immer folgenlos, erhöhen aber die Bindung der Nutzer an ihre Idole, da sie scheinbar aktiv an deren Leben teilhaben dürfen. So entsteht die Illusion der Aktivität. Gestärkt wird nicht die Handlungsfähigkeit der Follower – es liegt nur scheinbar in ihrer Macht, das Aussehen ihres Idols zu beeinflussen –, sondern die algorithmische Stellung der Werbekörper, die mit erhöhter Community-Interaktion verbessert und konsolidiert wird.

In Echtzeit lässt sich diese Bindung auf Streaming-Plattformen beobachten: Neben Instagram, Youtube und Tiktok werden diese für das Influencer-Marketing immer wichtiger. Etwa im Gaming-Bereich: Auf der zu Amazon gehörenden Plattform Twitch können Fans ihren Idolen nicht nur zusehen, wie sie Spiele in Kooperation mit dem jeweiligen Entwickler vorstellen oder andere Produkte (wie Konsolen, Mikrofone oder Gaming-Sessel) bewerben. Mit dem Partner-Programm können erfolgreiche Streamer – ähnlich wie bei Youtube – zusätzlich Geld mit Werbeanzeigen verdienen, die eingeblendet werden. Auch können die Fans ihre Lieblingsstreamer direkt unterstützen, indem sie ihnen im Chat sogenannte Bits zukommen lassen, die am ehesten mit Jetons in einem Casino zu vergleichen sind. Die Bits werden von den Fans für echtes Geld erworben und später von den Influencern wieder umgetauscht.

Zudem ist das Live-Streaming inzwischen die neue Variante des Teleshoppings, vor allem in China zeichnet sich dieser Trend schon länger ab. Über die zu Jack Mas Mutterkonzern Alibaba gehörende Streaming-Shopping-Plattform Taobao Live wurden allein am »Singles Day« am 11. November 2019 Produkte im Wert von 2,85 Milliarden Dollar verkauft. Eigentlich sollte dieser Tag dazu dienen, dass Alleinstehende sich selbst feiern, verwandelt hat er sich seit einigen Jahren in ein gigantisches Shopping-Event. 17 000 Marken setzten am »Singles Day« 2019 auf Live-Streaming:

> Zum Beispiel hat der Top-Livestreamer von Taobao, Viya, acht Stunden lang einen Livestream mit insgesamt 43,15 Millionen Käufern durchgeführt. Der »Lippenstiftkönig« Li Jiaqi war mehr als 6 Stunden live und zog 36,83 Millionen Nutzer an. In einer weiteren Livestreaming-Sitzung, in der Rabatte auf Autos angeboten wurden, wurden 55 Autos in nur einer Sekunde verkauft.[5]

Während der Corona-Pandemie nahm die Beliebtheit von Live-Streaming noch deutlich zu, so konnten etwa die Provinzen Hubei und Shaanxi ihre landwirtschaftlichen Produkte vermarkten. Dabei entstanden neue, unerwartete Netzstars wie die achtzigjährige Cui Shuxia, die für ihren Enkel beim Live-Streaming einsprang und bald täglich Aprikosen im Wert von ca. 1200 Euro verkaufte.[6] Sowohl die Nische als auch der Mainstream setzen auf Live-Streaming-Influencer, die oft sechs bis acht Stunden am Stück Produkte testen, auf Wunsch der Zuschauer mal diesen oder jenen Lippenstift oder Lidschatten auftragen. Diese Influencer, die häufig auch »Key Opinion Leader« genannt werden, können von Unternehmen gebucht werden. Westliche Firmen werben auf diese Weise in China für ihre Produkte, auch Facebook und andere US-Konzerne arbeiten an ähnlichen Shopping-Möglichkeiten. Denn wo sich die Follower ihren Vorbildern nah fühlen können, steigt die Kauflust.

Die Klassenzugehörigkeit der Influencer

In dieser Kommunikation, die – trotz des gigantischen Wohlstandsgefälles zwischen Influencern und Followern – Augenhöhe simulieren soll, liegt der große Unterschied zu früheren Prominenten: Die Influencer sollen eben nicht *bigger than life* erscheinen. Einst waren die Megastars der Filmbranche und Musikindustrie vergötterte Wesen, die sich lediglich in Form von Bravo-Starschnitten ausschneiden und verehren ließen. Die Influencer hingegen sprechen zu ihren Followern nicht wie zu Untergebenen oder Bewunderern, sondern wie zu Freunden. Sie fragen sie nach Rat und geben ihnen dafür im Gegenzug (bezahlte) Produktempfehlungen. Diese Marketingstrategie, die Authentizität und Kommunikation auf (scheinbarer) Augenhöhe verbindet, ist älter als die Influencer. Schon in den Siebzigern können wir Vorgänger dieser Werbeform finden, etwa wenn Wolfgang Fritz Haug in seiner *Kritik der Warenästhetik* die Übergabe von Geschenkwerbung durch Hostessen beschreibt:

Die »Auf-du-und-du-Masche« besagt nichts anderes, als dass die Hostessen dafür bezahlt werden, dass sie als Verpackungen fungieren, die wie selbständig urteilende, anderen ihre Erfahrungen anvertrauende und sie persönlich anziehende Menschen erscheinen. Das Menschsein dieser »Hostessen« wird vom Kapital kalkuliert als der Schein, auf den man im Verhältnis der Geschenkwerbung hereinfällt. Für die Hostessen wiederum bedeutet dies, dass sie ihre körperlichen und geistigen Wesenskräfte ans Kapital vermieten, das die Äußerung dieser ihrer Wesenskräfte sich aneignet, sich darin verkleidet und in ihnen den Käufermassen erscheint als derart gut aussehend, »zugleich intelligent, charmant und anpassungsfähig«.[7]

Zwar schätzen die Follower ihre Vorbilder selten ihrer Intelligenz wegen, doch bis auf diesen kleinen Makel haben die Influencer die »Auf-du-und-du-Masche« perfektioniert. Auch sie sollen als selbstständig urteilend erscheinen und im wortwörtlichen Sinne anziehend wirken, sie sollen die Follower an sich – und die von ihnen beworbenen Produkte – binden.

Dennoch bleibt ihre Rolle zwiespältig: Während die Hostessen im Beispiel Haugs zweifelsohne als dem Kapital untergeordnet erscheinen, ist die Klassenzugehörigkeit der Influencer weniger eindeutig. Klassischen Kategorisierungen (etwa anhand der Verfügungsgewalt über Produktionsmittel) scheinen sich die Youtuber und Instagrammer aufgrund ihrer Heterogenität zu entziehen. Während einige von ihnen selbst unternehmerisch tätig sind und eigene Kosmetik-, Fitness- oder Merchandise-Produkte herstellen lassen, sind viele Influencer lediglich privilegierte Selbstständige.

Um über ihre Klassenzugehörigkeit zu urteilen, müssen daher die verschiedenen Ausbeutungsbeziehungen untersucht werden, denen die Influencer unterworfen sind oder von denen sie profitieren. Die Kategorie der Ausbeutung darf dabei jedoch nicht (wie heute üblich) als eine moralische missverstanden werden. In Anlehnung an die marxsche Mehrwerttheorie ist damit vielmehr gemeint, dass Teile des geschaffenen Reichtums nicht dessen Produzenten zukommen, sondern von anderen gesellschaftlichen Akteuren angeeignet werden.

Wie verdienen die Influencer ihr Geld? Oftmals, indem sie »ihre körperlichen und geistigen Wesenskräfte ans Kapital vermieten«. Ihr Einkommen mag noch so hoch sein: Sie sind zumeist Verkäufer ihrer eigenen Arbeitskraft und in dieser Hinsicht Ausgebeutete. Ist ihre Werbung erfolgreich, so schlägt sich das von ihnen geschaffene Gebrauchswertversprechen in höheren Verkaufszahlen nieder – den realisierten Mehrwert eignen sich die werbenden Unternehmen an.

Eine derartige Unterordnung unter das Kapital ist jedoch nicht bei allen Influencern gegeben. Erreichen sie ein bestimmtes Maß an Professionalität und Prominenz, können sie selbst zu Kapitalisten werden. Nicht selten kooperieren sie dann mit Großunternehmen, etwa mit Kosmetikkonzernen, um eigene Shampoos oder Schminke zu verkaufen. Ist dies der Fall, treten sie als gleichberechtigte Ausbeuter auf, wenn sie ihre Produkte nicht gleich selbst vertreiben. Ob Ratgeberbücher oder Merchandise: Leichter als je zuvor können Influencer ihre eigenen Produkte unter die Follower bringen, etwa mithilfe von Plattformen wie Shopify.

Das heute (nach Börsenwert) wertvollste Unternehmen Kanadas, das unter anderem mit den Kardashians kooperiert, wurde von dem aus Koblenz stammenden Gründer Tobias Lütke ins Leben gerufen. Dieser vertrieb zunächst mit einem Partner über einen selbst programmierten Onlineshop Snowboards, bevor ihm die entscheidende Geschäftsidee kam: Wieso sollte nicht jeder Mittelständler, ja, jede Einzelperson einen eigenen Webshop betreiben können? 2006 wurde das Unternehmen, das heute fünftausend Mitarbeiter hat, gegründet, es ist der wohl größte Profiteur des Influencer-Marketings.

Die besonders erfolgreichen Influencer können so ihre dem Kapital untergeordnete Rolle aufbrechen. Der Kern ihres neuen Geschäftsmodells – eigener Onlineshop, eigener Ticketshop, Kochbücher im Eigenverlag, direkte Akquise von Werbepartnern – ist die sogenannte Disintermediation. Wobei das Geschäft nicht gänzlich ohne Intermediäre funktioniert, da ja weiterhin die jeweilige Plattform für den Social-Media-Auftritt, die Software für den Onlineshop und vor allem – und ganz entscheidend – digitale Bezahldienste benötigt werden.

Ausgebeutete und Ausbeuter sind die Influencer somit zugleich, wenn sie einerseits dem Kapital dienen und andererseits selbst Mitarbeiter beschäftigen, die ihnen bei der Organisation von Terminen, der Aufhübschung von Fotos und dem Schnitt von Videos helfen. Viele dieser durch Influencer geschaffenen Stellen sind sogenannte »Bullshit-Jobs« – nicht zu verwechseln mit »Scheiß-Jobs«, die hart, schlecht bezahlt und unbeliebt sind, aber dringend gebraucht werden. Unter »Bullshit-Jobs« hingegen versteht der Anthropologe David Graeber

> eine Form der bezahlten Anstellung, die so vollkommen sinnlos, unnötig oder gefährlich ist, dass selbst derjenige, der sie ausführt, ihre Existenz nicht rechtfertigen kann, obwohl er sich im Rahmen der Beschäftigungsbedingungen verpflichtet fühlt, so zu tun, als sei dies nicht der Fall.[8]

Als Beispiel für einen solchen Job gibt Graeber die Geschichte eines für die Werbeindustrie tätigen Grafikers wieder, der beständig damit beschäftigt ist, Frauenkurven zu verdünnen und Zähne digital zu bleichen. Trotz hoher Entlohnung bezeichnet er seine Arbeit als »Bullshit-Job«, da er um die schädlichen Folgen der von ihm produzierten Bilder weiß. Graeber stellt fest:

> Verbessert man […] unterschwellig das Aussehen von Prominenten, will man damit die unbewussten Annahmen des Zuschauers darüber verändern, wie die Alltagsrealität – in diesem Fall der Körper von Männern und Frauen – aussehen sollte, und damit schafft man das unangenehme Gefühl, dass die gelebte Wirklichkeit als solche ein unzureichender Ersatz für das eigentlich Richtige ist.[9]

Derartige Aufgaben übernehmen heute die Angestellten der Influencer, wenn sie die Welt ihrer Brotherren mithilfe von Photoshop und Insta-Filtern als wünschenswerte Alternative zu einer Realität erscheinen lassen, in der Speckfalten und schiefe Zähne nun mal existieren – und der auch sie angehören.

So ergibt sich bei der Betrachtung der verschiedensten Ausbeutungsbeziehungen zwischen Influencern, Kapital und Angestellten ein spannungsreiches Bild. Die Influencer nehmen je nach Popularität und Professionalität unterschiedliche Rollen ein, so dass auf sie zutrifft, was der Soziologe Erik Olin Wright über die »neue Mittelklasse« schrieb: Diese »besteht aus Klassenelementen, die *gleichzeitig* Ausbeuter und Ausgebeutete sind«.

Aus dieser uneindeutigen Rolle im modernen Kapitalismus folgt laut Wright auch das Problem widersprüchlicher Klassenlagen:

Grundsätzlich besteht das unmittelbare Klassenziel derjenigen in widersprüchlichen Klassenlagen darin, die Reihen der herrschenden, ausbeutenden Klasse zu betreten, indem sie versuchen, aus den Früchten ihrer ausbeutenden Position im wahrsten Sine des Wortes »Kapital zu schlagen«.[10]

Auch auf die Influencer trifft dies zu. Ihr Blick ist immer ängstlich nach unten gerichtet: Je höher sie rangieren, desto tiefer können sie fallen. Zwar kritisieren sie gelegentlich die Plattformen, von denen sie selbst abhängen – etwa bei veränderten Werberichtlinien, die in ihrem Portemonnaie spürbar werden. Doch letztlich stabilisieren sie die herrschende Ordnung in der Hoffnung, weiter aufsteigen zu können (oder ihren Rang zu halten). Es ist daher kein Wunder, dass die progressiven Elemente, die es unter den Influencern durchaus gibt, spärlich gesät sind.

4. Berechenbare Kreativität

»Mein EIGENES McDonald's zuhause«, »Mein EIGENER KFC Zuhause«, »Mein eigener Burger King«, »Mein eigener DUNKIN DONUTS«, »Mein eigener STARBUCKS« – innerhalb von nur sieben Wochen hat der deutsche Junior-Influencer (Abonnenten: über 200 000) diese fünf immer nach demselben Prinzip funktionierenden Videos auf Youtube veröffentlicht. In der familieneigenen Küche tut der Junge jedes Mal so, als ob er seiner Familie Backwaren, Hamburger und Kaffee verkauft – dekoriert ist der Raum mit gigantischen Logos der Ketten. »Hallo und willkommen bei Dunkin Donuts! Dunkin Donuts hat viele Stores, und dort verkaufen sie leckere, runde Pizzen! Nein, natürlich nicht! Sie verkaufen dort leckere Donuts!«, begrüßt der Zehnjährige seine Zuschauer, die größtenteils ebenfalls Kinder sein dürften. Als er das Wort ›Donuts‹ ausspricht, ertönt laut Händels »Halleluja! Halleluja!«. »Wir haben hier ›Sweet and Crunchy‹, und hier haben wir ›Crunch and Waffle‹, als Nächstes kommt ›Triple Choc 3.0‹, mit einer Dreifach-Glasur von Schokolade!« – voller Elan listet er die Vorzüge des Sortiments auf, mit dem er seine Liebsten beglücken wird. Die ausgewählten Backwaren sind dabei so ununterscheidbar wie die Videos, doch das stört die Follower keineswegs: »Wow ich liebe dieses Format jetzt habe ich so Hunger auf Donuts«, »Kann ich forbei kommen« und »Ich hab jetzt lust auf dunkin donuts«, schreiben sie in die Kommentare. Die vermeintliche Originalität der Videos speist sich einzig aus der fixen Idee, eine Fast-Food-Filiale in den eigenen vier Wänden zu errichten – Pate steht auch hier das Kino: In *Richie Rich* von 1994 hat der kleine Schnösel (Macaulay Culkin) eine eigene McDonald's-Filiale auf seinem Anwesen.

***

Werden die Influencer gefragt, was ihr Content bezwecken soll, kehren in ihren Selbstbeschreibungen stets dieselben Buzzwords wieder: Sie wollen ihre Community »inspirieren« und sie dazu anregen, »individuell« und »kreativ« zu sein. Jeder – sie seien der beste Beweis – könne das. Jeder sei anders und dürfe, nein, solle es auch sein. Doch die behauptete Pluralität ist bloß bunte Uniformität. Inhalte, die den Betrachter herausfordern, finden sich beinahe nirgends. Plötzlichkeit und Präsenz könnten einen übermannen, künstlerische Freiräume in Form einer demokratischen Teilhabe wären möglich – und lassen sich mitunter tatsächlich auf den Plattformen finden –, doch kommen derartige Inhalte nie von Influencern. Diese bieten stattdessen bloß Imitationen von Widerspruch, Rebellion und Kunst.

Kennzeichnend für die Influencer-Dramaturgie sind vor allem zwei Merkmale: Serialität und Wiederholung. Wem auf Youtube das Wettessen mit Chicken Wings viele Klicks brachte, wird in Serie gehen, die »Challenge« mit Döner, Donuts und Burgern wiederholen und möglicherweise noch mehr Zuschauer erreichen. Die Youtube-Trends sorgen für die Konzentration des Kapitals und der Aufmerksamkeit, indem populäre Genres und ihre Interpreten bevorzugt angezeigt werden, so dass der Nutzer unwillkürlich auf sie stößt. Theoretisch ist auf Youtube alles möglich, auch die Dichterlesung und der Mathematikvortrag, doch wird weniger Populäres schon deshalb selten gesehen, weil die Algorithmen in erster Linie an der Steigerung von Werbeeinnahmen interessiert sind. Und wer seine Videos nicht monetarisiert, das heißt, nicht mit Werbung versehen lässt, wird nicht empfohlen und folglich weniger geklickt.

Die Zuschauer honorieren zudem offenbar nicht das Neue, sondern das bereits Bekannte, was inzwischen auch Hollywood gemerkt hat, so dass die Trailer von Blockbustern in der Regel eine Zusammenfassung des gesamten Films enthalten, während sie früher vor allem Rätsel aufgaben, die nur ein Kinobesuch lösen konnte. Heute sollen sie nicht mehr neugierig machen, vielmehr wollen sie beruhigen: Keine Angst, es wird alles so sein wie immer – der Held wird siegen, das Paar wird heiraten, der Kranke wird geheilt.

Selbst eine klassische Spannungsdramaturgie verfolgen die Videos nicht mehr, erzählt werden keine Geschichten. Die Erzählstruktur ist rein additiv: »und dann … und dann … und dann … habe ich jenes gekauft, dieses gegessen« und so weiter und so fort. Ein weiteres Prinzip, nach dem viele Videos aufgebaut sind: »Gucken, was passiert«. Gucken, was passiert, wenn wir stets lustigen Influencer zehn Minuten nicht lachen dürfen, wenn unser Kind sein neues Spielzeug entdeckt, wir zum ersten Mal in unser fertiges Haus gehen, wir bei Amazon alle Produkte, die mit dem Buchstaben Y beginnen, in den Warenkorb werfen und bestellen. Es passiert: natürlich nichts. Es geht einfach immer weiter. Die Kulturindustrie bietet hier keine Flucht mehr in eine melodramatische Gegenwelt mit Engelschören, die von der Macht der Liebe künden, oder Abenteuergeschichten, in denen kostümierte Stars der bürgerlichen Domestikation entkommen. Die Influencer-Filmchen doppeln und pervertieren lediglich das Vorfindliche und hämmern ihren Followern im Schnittgewitter die Alternativlosigkeit des Status quo ein, den sie als großen Spaß verkaufen. Ein trauriges Dasein, das sich nicht einmal mehr Traurigkeit zugesteht.

Zweifellos schafft Gewohnheit Geborgenheit, doch zugleich wird durch Instagram, Youtube und Tiktok ein algorithmisches Denken internalisiert, das wie Amazon operiert: »Kunden, die diesen Artikel gekauft haben, kauften auch ...« Um sich und ihre Follower über die Verzifferung hinwegzutrügen, basteln sich die Influencer mit technischen Mitteln eine Identität zurecht, die den Anschein von Persönlichkeit erweckt, auch wenn »Personality« in der Werbebranche lediglich Markenbildung meint. Was so entsteht, sind Filteridentitäten. Wer einen Filter sich kreieren lässt, der über jedes Foto einen Hauch Magenta legt, unterwirft alles einem Pseudostil, was den Wiedererkennungswert steigern und die Individualität bezeugen soll. »Immergleichheit«, so Horkheimer und Adorno, prägt die Kulturindustrie, die selbst als »der unbeugsamste Stil« begriffen werden muss.[1]

Bei Tiktok allerdings hilft selbst das nicht, der eigene Stil muss entweder den Algorithmen gefallen, darf also kein eigener sein, oder es droht die völlige Marginalisierung. Wie die Algorithmen funktionieren, ist in allen Tech-Konzernen Betriebsgeheimnis, doch das Wenige, das bekannt ist, enthüllt, dass statt Kreativität Passförmigkeit verlangt wird. Hinter Tiktok steht der Konzern Bytedance, dessen Gründer Zhang Yiming 2012 bereits den Nachrichtenaggregator Toutiao entwickelt hatte. Wer diese News-App zum ersten Mal verwendet, bekommt eine noch völlig beliebige Auswahl von Nachrichten angezeigt. Mit jedem Zugriff wird die Auswahl ausgehend von individuellen Nutzerdaten immer stärker personalisiert, so dass eine Filterblase entsteht, in der man nur noch mit dem konfrontiert wird, was man angeblich möchte. Tiktoks Algorithmus funktioniert ähnlich. Die aus Musical.ly hervorgegangene App zeigt Kurzvideos, in denen meist zu populärer Musik die Lippen synchron bewegt werden (wie es Schlager- und Popstars bei Fernsehauftritten tun) und zu der getanzt oder sich sonst wie bewegt wird. Wessen Video Millionen Klicks erreicht, bleibt dem Algorithmus überlassen, von dem die Programmierer glauben, dass er es besser weiß als der jeweilige Nutzer. Zwar lassen sich auch präferierte Tiktoker abonnieren, entscheidend aber ist die »For You«-Seite, die wesentlich häufiger aufgerufen wird als der vom Nutzer zusammengestellte Newsfeed und die vollkommen algorithmisch kuratiert ist. Die Urheber der Videos orientieren sich deshalb an dem, was ohnehin gehypt wird, und stimmen ihre Produktion darauf ab. Dabei ist stets ungewiss, wie erfolgreich das nächste Video sein wird. Können Youtube-Stars sich stark auf Stammzuschauer verlassen, so dass die Videos – von einigen Ausreißern nach oben (selten nach unten) abgesehen – kontinuierlich gut geklickt werden, ist das bei Tiktok keineswegs der Fall. Es ist durchaus möglich, dass, wer sein drittes Video veröffentlicht, bereits Hunderttausende erreicht, weil die Algorithmen es aufgrund diverser, meist nicht bekannter Parameter vielen Usern auf die »For You«-Seite gespült haben. Im Gegenzug kann, wer erfolgreich war, plötzlich in der Gunst der Algorithmen fallen und nahezu unsichtbar werden.

Fraglos gab es in der Kulturindustrie seit je eine Diskrepanz zwischen dem künstlerischen Willen und den Anforderungen des Marktes, der Profit, ergo Quote, erheischt, und wie im Falle der digitalen Plattformen wurde immer schon auf die Kundenwünsche verwiesen:

> Die Standards seien ursprünglich aus den Bedürfnissen der Konsumenten hervorgegangen: daher würden sie so widerstandslos akzeptiert. In der Tat ist es der Zirkel von Manipulation und rückwirkendem Bedürfnis, in dem die Einheit des Systems immer dichter zusammenschießt. Verschwiegen wird dabei, daß der Boden, auf dem die Technik Macht über die Gesellschaft gewinnt, die Macht der ökonomisch Stärksten über die Gesellschaft ist. Technische Rationalität heute ist die Rationalität der Herrschaft selbst. Sie ist der Zwangscharakter der sich selbst entfremdeten Gesellschaft.[2]

Tiktok verstärkt diesen Effekt lediglich in bislang ungeahnter Weise, und von dieser auf ökonomischer Macht fußenden technischen Rationalität geht eine Signalwirkung aus, die die Unterhaltungsindustrie immer mehr prägt. 2019 kritisierte die »New Hollywood«-Legende Martin Scorsese, dass in den Kinos nur noch das Immergleiche, namentlich Marvel-Filme, zu sehen sei:

Als das Hollywood-Studiosystem noch am Leben war, war die Spannung zwischen den Künstlern und den Leuten, die das Geschäft führten, konstant und intensiv, aber es war eine produktive Spannung, die uns einige der größten Filme bescherte, die je gedreht wurden.[3]

Diese Spannung sei allerdings mittlerweile verschwunden. Die Filme würden allein durch Geschäftsinteressen geformt, der Regisseur sei bloß noch deren Erfüllungsgehilfe.

Die Influencer werden nicht einmal ahnen, dass es diese Spannung einmal gegeben hat, sie dienen algorithmischen Systemen, die zwar Individualisierungs- und Kreativitätsprozesse simulieren, dabei aber genau diese mit drakonischen Strafen – keine Likes, keine Klicks – bekämpfen.

Jeder soll ein Künstler sein

Die Influencer sind Fürsprecher des Subjektivierungsregimes von Plattformen, die Subjekte nur schätzen, insofern sie Produzenten und Konsumenten, noch besser: Prosumenten, sind. Beginnen wir bei den Sinn- und Motivationssprüchen, die stets Aufforderungen zum »Selbst-Sein«, zum »Leben des eigenen Traums« sind oder unterstreichen sollen, dass »jeder ein Talent hat« und »es schaffen kann«. Jeder soll folglich ein Künstler sein, sich selbst kreieren. Diese Phrasen echoen permanent durch die Social-Media-Kanäle. Die Influencer werden zu Lautsprechern eines weitgehend sinnbefreiten und deshalb gut kommodifizierbaren »I am what I am«, das die Geste der Subversion imitiert. Diese wird ästhetisch sichtbar nicht mehr als genialischer Pinselstrich, wie ihn im 19. Jahrhundert die Bohemiens pflegten, sondern als kalkulierter Wisch mit dem Daumen auf dem Touchscreen des Smartphones, um einen passenden Filter auf das Foto oder die Story zu legen. Das Hingeworfene, das Virtuose einer Grafik von Toulouse-Lautrec migriert in normierter Form in die entsprechende App, mit der sich alles aufhübschen lässt, etwa der Augenblick, in dem der mit dieser teuren, aber wirklich sehr effektiven Lotion gepflegte Influencer-Körper bei einer Yogaübung beinahe schwerelos erscheint.

Finger, die ein Herz formen, Hände, die sich nach dem Sternenhimmel recken, herausgestreckte Brüste und Pos, angespannte Bizepse, verspielt ins Antlitz fallende Haarsträhnen: Was die Werbebranche, bisweilen Anleihen bei der Kunstgeschichte nehmend, in den vergangenen Jahrzehnten endlos repetierte, wird auf den digitalen Plattformen aufgegriffen und variiert. Zugleich entstehen neue Sujets und Trends, die häufig dem Prinzip der Viralität folgen. Dabei ist nicht mehr entscheidend, wer ursprünglich die Geste, den Tanzschritt, die Challenge erfand, Originalität und Autorschaft sind kaum noch auszumachen. Und die User interessieren sich ohnehin nicht dafür, sie sind keine Editionsphilologen, keine Archivare, sondern Konsumenten des Moments, der den Trend von gestern vergessen macht.

Der Autor ist, wie Roland Barthes und Michel Foucault vor mehr als einem halben Jahrhundert es sich erhofften, in der Netzkultur des Loopens, Sampelns und

Remixens tatsächlich tot, was zwar auch eine Emanzipation des Lesers, sprich des Users, ermöglicht, der mit dem Text nun tun kann, was er möchte, jedoch bei genauerem Hinsehen nicht den Niedergang der Autorität bedeutet. Diese liegt nun maßgeblich beim Interpreten, vor allem bei jenem, der über eine große Reichweite verfügt. Die Influencer werden zu Katalysatoren, indem sie auf Trends aufspringen. Nur selten rufen sie selbst einen ins Leben, und wenn doch, dann geschieht das eher zufällig und nicht absichtlich.

Irgendwo begann dieses oder jenes Netzphänomen, genau kann das niemand sagen. So ist es auch mit dem sogenannten »Dab«, einer Tanzfigur, bei der ein Arm zur Seite gestreckt wird, der andere Arm folgt der Richtung, macht dabei eine Beuge, der man sich mit dem Kopf nähert, als wollte man hineinniesen. Die Hip-Hop-Kultur soll die Geste hervorgebracht haben, seit Jahren geistert sie durch das Netz, kaum ein Influencer wird sie nicht wiederholt haben. Auch Hypes wie der »Gangnam Style« oder der »Harlem Shake« funktionieren nach diesem Muster, das in den siebziger und achtziger Jahren weltweit mit dem »Ententanz« sichtbar wurde, jetzt jedoch derart inflationär geworden ist, dass die Massenbewegungstrends täglich wechseln, denn nichts ist so alt wie der Trend von vor 24 Stunden.

Die Antwort auf die Frage nach dem Urheber ist wie die nach dem Ursprung des Lebens unklar. Darin liegt das Wesen des Viralen, das sich nicht eindämmen lässt. In den Siebzigern schlug der Evolutionsbiologe Richard Dawkins den Begriff »Mem« für ein kulturelles Gen vor, womit er den Refrain eines Schlagers, ein geflügeltes Wort oder ein gern nachgestelltes Motiv eines Gemäldes meinte. Erfolgreich seien jene Meme, die fruchtbar sind, die »von Gehirn zu Gehirn überpringen«, das heißt, die reproduziert werden und nicht der Selektion zum Opfer fallen:

> Wenn ein Mem die Aufmerksamkeit eines menschlichen Gehirns in Anspruch nehmen will, so muß es dies auf Kosten »rivalisierender« Meme tun. Andere Güter, um die Meme konkurrieren, sind Sendezeiten in Rundfunk und Fernsehen, Raum auf Anschlagtafeln und in Zeitungsspalten sowie Platz in Bücherregalen.[4]

Die Bedeutung des Wortes »Meme« hat sich im Internet zwar weiterentwickelt – heute werden darunter ikonische Bilder verstanden, die mit lustigen Sprüchen versehen werden –, doch um Meme im dawkinsschen Sinne, die sich quasievolutionär durchsetzen, handelt es sich weiterhin. Dem Mem-Prinzip folgen letztlich auch die Verschlagwortung unter einem bestimmten Hashtag, der Kauf von Filtern, mit denen die Influencer ihre Profile bearbeiten, die kettenbriefartige Verbreitung von Challenges in Youtube-Videos. Wer als Erster Herz auf Schmerz reimte, soll der Dichter Arno Holz gesagt haben, war ein Genie, der Tausendste aber ist ein Kretin. Was wohl ließe über den ersten Youtuber, der in einer bis zum Rand mit Nutella gefüllten Wanne badete, sich sagen?

»Kultur heute schlägt alles mit Ähnlichkeit«, stellten bereits Adorno und Horkheimer fest.[5] Diese kulturkritische Diagnose ist in der Gegenwart treffender denn je – verglichen mit den Filmen aus Hollywood, die die Denker der Frankfurter Schule im Auge hatten, hat die Gleichförmigkeit des Dargebotenen ein bisher nie gekanntes Ausmaß erreicht.

Instagram-Profile und Youtube-Kanäle sind vor allem Orte der Konformität. Immer wieder sind es dieselben konsumistischen Challenges, die von den Influencern bloß minimal verschieden interpretiert werden. Auch die Einteilung der Influencer in unterschiedliche Genres (Lifestyle, Fitness, Reisen) ändert daran nichts: »Jede Sparte ist einstimmig in sich und alle zusammen.«[6] Denn fast alle erfolgreichen Kanäle propagieren gleichermaßen die Erlösung durch Konsum, so dass eine einheitliche Netzwelt entstanden ist. Serielle Produktion und Konsumtion der Wiederholung, am Ende ist alles, was man zu sehen bekommt, auf ein riesengroßes »WOW« zusammengeschrumpft.

In den siebziger Jahren zeigte sich der Soziologe Daniel Bell besorgt ob der »kulturellen Widersprüche des Kapitalismus«. Er befürchtete, der Einfluss der gegenkulturellen und immer Mainstream-tauglicheren Strömungen könnte die aus der protestantischen Ethik gespeiste Arbeitsmoral unterminieren und in ein hedonistisches Zeitalter führen. Bell irrte. Der Kapitalismus musste sich wegen des stagnierenden Wachstums ohnehin etwas einfallen lassen, um sich weiter legitimieren zu können und um neue Geschäftsfelder zu erschließen. Mögen sich konservative Politiker, die als Handbremse des rasanten Fortschritts fungieren, mitunter noch heute über die urbane kreative Klasse echauffieren, das System umarmte diese gewinnbringend. Der Soziologe Richard Florida stellt in seinem Bestseller *The Rise of The Creative Class* klar: »Die menschliche Kreativität ist die ultimative ökonomische Ressource.«[7] Diese gelte es zu fördern und für sie Biotope zu schaffen, in der sie gedeihen und gut ausgebeutet werden kann. Um entsprechende Orte zu identifizieren, führt Florida in seinem Buch den sogenannten Gay-Index ein: Wo sich ein sexuell offenes, diverses Milieu niederlässt, blüht die Kreativwirtschaft, was bald Geld in die Stadt bringt und für wirtschaftlichen Aufschwung sorgt.

Der Soziologe Andreas Reckwitz spricht von einem

»Kreativitätsdispositiv«, das sich formiert hat und mehr oder weniger unsere gesamte Freizeit wie unseren Beruf prägt: »Wenn es einen Wunsch gibt, der innerhalb der Gegenwartskultur die Grenzen des Verstehbaren sprengt, dann wäre es der, nicht kreativ sein zu wollen.«[8] Über den Gesichtspunkt der Selbstverwirklichung hinaus hat dieses Dispositiv auch ökonomische Funktionen, da die Ästhetisierung und der spielerische Umgang mit dieser all die Normierungen, Rationalisierungen und Bürokratisierungen des modernen Kapitalismus nicht durchstreichen, vielleicht noch nicht einmal überschreiben, doch zumindest übertünchen können. Die Serialität der Produktion darf auf keinen Fall eintönig wirken, das haben auch die digitalen Plattformen verstanden, die ihren Creators ständig neue Tools an die Hand geben, um Individualisierungen und Ausdifferenzierungen innerhalb des vorgegebenen – und bei Instagram quadratischen – Rahmens zu ermöglichen. Das spornt sowohl die Influencer als auch ihre Follower an, denn:

Erst mit der Kopplung an Ästhetisierungsprozesse auf der Arbeits- und auf der Konsumseite wird für die Subjekte eine Teilnahme an den Ökonomisierungsprozessen attraktiv. Die Ästhetisierung liefert der Ökonomisierung einen motivationalen »Treibstoff« – die Suche nach kreativer Tätigkeit, ästhetischem Erleben, kreativer Subjektivität und kreativen Orten –, den sie aus sich selbst heraus, solange sie in Versachlichung verharrt, nur in schwachem Maße hervorzubringen vermag.[9]

Die Influencer sind die vorläufige Endstufe dieses kapitalistischen Verschönerungsregimes, das den Konsum zwecks Nachfragestimulation gleichermaßen ästhetisiert wie die Arbeit selbst, die vom Pool aus mit dem Tablet in der Hand oder in einem städtischen Co-Working-Space erledigt wird, wo man andere »inspirierende«,

»kreative« Menschen trifft, die von der neoliberalen Subjektivierung profitiert haben. Dabei fallen Leben und Arbeit ohnehin zusammen, gehört doch das Training des Werbekörpers ebenso zum Job wie das Beantworten von E-Mails oder die strategische Vergabe von Likes beim Durchscrollen anderer Influencer-Profile. Wo das Mixen eines Smoothies oder das Auftragen eines Lippenstifts gewinnbringend sein kann und zugleich der Verwirklichung dessen dient, wovon angenommen wird, dass es sich um das autonome Ich handelt, ist selbstredend kein Raum mehr für die Frage, ob die omnipräsente Ästhetisierung lediglich der Kitt von beschädigten Leben ist, die im Quadrat gefangen bleiben.

Basteln für die Community

Schön sollte es von Anfang an auch bei Instagram sein: Kevin Systrom machte in der Frühphase, so wird es kolportiert, für Firmen, die auf der Plattform werben wollten, notfalls selbst den Weißabgleich bei den Fotos.[10] Werbung sollte bei Instagram nicht wie Werbung aussehen – in Nutzerrichtlinien wurde darum gebeten, »aussagekräftig und authentisch« zu agieren.[11] Systrom legte Wert darauf und hielt die Influencer und Werbetreibenden dazu an, dass die Werbung »als ehrlich und echt rüberkommt«.[12] Aus dieser Haltung heraus ist auch die quadratische Form entstanden, für die sich Systrom wegen eines Professors für Fotografie entschied, der ihm den Tipp gab, mit einer alten, quadratische Schwarz-Weiß-Fotos produzierenden Kamera zu arbeiten. Die Idee, in der Beschränkung die kreativen Möglichkeiten auszuloten, wurde später bei Instagram zum Geschäftsprinzip. Systrom glaubte an das »Unvollkommene«,[13] bedachte jedoch nicht, dass der digitale Kapitalismus auch dieses schon bald perfektionieren würde.

Längst hat eine Professionalisierung stattgefunden, die weit weg ist von der improvisiert wirkenden Selfie-Ästhetik. Diese findet zwar auch immer noch Verbreitung, vor allem in den täglichen Storys. Doch die meisten Influencer sind mit professionellen Fotografen – oder mit dem »Instagram-Husband« – unterwegs, posieren stundenlang für das perfekte Bild und lassen es anschließend wie bei einem Hochglanzmagazin bearbeiten.

Bei Youtube ist eine ähnliche Entwicklung zu beobachten. Während in den ersten Jahren Youtuber sogenannte Jump Cuts – Bildsprünge, die die Kontinuität unterbrechen – einsetzten, um Versprecher oder Ähnliches herauszuschneiden, ohne die Kameraeinstellung wechseln zu müssen, ist diese Verfahrensweise seit vielen Jahren das omnipräsente Stilprinzip. Noch immer hat das den Anschein von Unvollkommenheit, vor allem aber wird so das Auge permanent gereizt, damit die Zuschauer dranbleiben. Dass der Jump Cut in Jean-Luc Godards *Außer Atem* einmal Avantgarde war und die Brüchigkeit des Subjekts und der Moderne ausdrücken sollte, ist längst vergessen.

Die künstlerischen Verfahren des vermeintlichen Endes der Geschichte bestehen im Remixen, Loopen und Sampeln. Wir erinnern uns: Fukuyama sagte ein langweiliges Zeitalter voraus und meinte damit auch die Künste, die höchstens noch nostalgisch werden könnten, da ihnen mit der Geschichte das Tragische, die Fallhöhe und das Widerständige abhandengekommen seien. Das ist pauschal nicht falsch, wenngleich die Idee von etwas Einmaligem ohnehin von der künstlerischen Avantgarde, namentlich von Marcel Duchamp und seinem musealisierten Urinal, durchgestrichen wurde, was jedoch nicht bedeuten muss, dass keine Schöpfungshöhe mehr erreicht wird – schließlich ist Duchamps Akt, der zwischen Profanierung und Sakralisierung changiert, enorm schöpferisch. Oder nehmen wir die Filme von Quentin Tarantino: Gewiss, er remixt, loopt und sampelt berühmte wie vergessene Werke der Filmgeschichte. Er wird dadurch aber nicht zum Karaokesänger unter den Regisseuren, sondern erschafft etwas Neues. Er führt bisweilen ganze Filmgenres auf eine Ebene, an die vorher niemand gedacht hätte. Doch diese Kunst des Samplens kann bei den Influencern nur vergebens gesucht werden.

Die Bewertung künstlerischer Leistungen ist schon immer, vor allem aber im Zuge des falsch verstandenen *anything goes* der vergangenen fünf Jahrzehnte, umstritten gewesen. Breitgemacht hat sich ein bequemer Relativismus, der aus Angst, als elitär zu gelten, alles toll findet und alles bestaunt, wie Vater und Mutter die ersten Kritzeleien ihres Kindes. Diese antiautoritäre und antielitäre Geste ist in Wahrheit paternalistisch und argumentativ nicht haltbar: Die Hoch- und die Populärkultur funktionieren zwar häufig nach je eigenen Prinzipien, doch egal, ob man die Grenze zwischen Hoch- und Populärkultur verwischt oder aufrechterhält, ist jedes Werk für sich sehr wohl zu bewerten. Grundsätzlich wäre, weil es nur Medien, Vermittler also sind, auch auf Youtube, Tiktok oder Instagram Kunst möglich, und in Nischen findet man sie mitunter durchaus. Doch die Influencer und ihre Epigonen produzieren und konsumieren Schund, Kitsch und Gefälliges. Bei der Bewertung eines Werks ist die Schöpfungshöhe entscheidend, diese aber ist durchweg gering, häufig nicht einmal vorhanden.

Wie niemand ernsthaft das Ausmalen von Malbüchern (die seit geraumer Zeit selbst für gestresste Erwachsene angeboten werden), das Malen nach Zahlen oder das Basteln von Fensterbildern nach Schablone, das Prickeln von Untersetzern in Sternform sowie das Fertigen von Christbaumkugeln mit Serviettentechnik als Kunst bezeichnen würde, ist auch das Zusammenschneiden hektischer Videos oder das Fotografieren täglicher Mahlzeiten keine Kunst, keine große kreative Leistung. Aus Imitation und Bastelei, durchaus hin und wieder mit handwerklichem Geschick, speist sich der von Influencern produzierte Content.

Das sich gut klickende Tiktok-Video mag zwar einer aufwendigen Produktion bedürfen, zumal Tricktechnik, Split-Screens, viele Schnitte und Überblendungen eingesetzt werden, doch das ist bloßes Zeugnis der Beherrschung von Techniken und Tools, die geistlos bleibt. Es erinnert an Filmnerds, die bloß von den Special Effects affiziert werden. Nie sind die angeblich kreativen Netzinhalte mit einem Gedanken versehen. Effekte und Affekte, nichts weiter, bestimmen die Kurzvideos, und sie sollen gemäß der Perpetuum-Mobile-Logik diese bei den Zuschauern immer wieder auslösen: Sosehr man sich auch konzentriert, nichts bleibt im Gedächtnis. Auf der Konsumentenseite ausgelöst wird der Effekt, dass immer mehr davon konsumiert, und der Affekt, dass in irgendeiner Weise etwas beim Betrachter erregt wird.

Das ewige Gerede von Individualität, Kreativität und Authentizität offenbart durch seine Vehemenz und Ununterscheidbarkeit in Wahrheit Gruppenzwang, Nachahmung und die Anpassung des Ich an die algorithmische Künstlichkeit. Und auch die analoge Welt bleibt davon nicht verschont, selbst kleine Orte können zu großen Anlaufstellen nicht der Selbst-, sondern der Algorithmusverwirklichung werden. Wer im 21. Jahrhundert einen Freizeitpark oder anderweitigen Anlaufpunkt für vergnügungssüchtige Familien betreibt, muss diesen kompatibel für die vermeintliche Selbstverwirklichung auf Instagram gestalten. So lassen sich unter dem Hashtag #gertrudenhof mehr als fünftausend Bilder von echten und Möchtegern-Influencern finden, die den Kürbishof als geeignetes Ausflugsziel für Instagram-Fotos erkannt haben. Profile mit Hunderten, aber auch mit Hunderttausenden Followern posten von dieser Insta-Pilgerstätte Bilder vor der von den Betreibern errichteten Kürbispyramide sowie vor orangenen Riesenkürbissen. Der Twitter-Kanal @infoluencer, der solche Netzperlen der Öffentlichkeit präsentiert, kommentiert bissig: »Oh wir danken dir für all die milden Gaben, mächtiger orangener Riesenkürbis. Bitte segne uns mit Gesundheit und Individualität. Amen.«

5. Einflussreiche Körperbilder

Etwas stimmt hier nicht: Das leicht gewellte Haar wurde mit einem Klecks Haarwachs zu einem Pony drapiert, der einen Tick zu betont lässig aussieht, um unschuldig zu sein. Arglos soll auch der welpenhaft nach oben gerichtete Blick anmuten, während die geschlossenen, leicht geschürzten Lippen »Ich bin süß!« zu sagen scheinen, zumal sie ein Gesicht zieren, das zwar schon Kontur hat, aber noch immer das eines Knaben ist. Der kräftige Hals führt zu einem Körper, der jeden Versuch, Naivität und Unschuld auszustrahlen, nicht bloß kokett, sondern gänzlich albern erscheinen lässt. Wir sehen die glatte, vom vielen Training geschwellte Brust eines Bodybuilders, massive Schultern sorgen für eine Breite, die den jungenhaften Kopf winzig wirken lässt. Auf den mächtigen Oberarmen – nicht nur die Bizepse, auch die schwieriger zu formenden Trizepse wurden zu schweren Bowling-Pins aufgepumpt – zeichnen sich dicke Adern ab. Die Bauchmuskulatur bildet kein Six-, sondern ein Eightpack, das unter der Gürtellinie möglicherweise sogar ein Tenpack ergibt, doch der breite, mit »Calvin Klein« bedruckte Rand der weißen Boxershorts verdeckt den Rest des gebräunten Körpers, auf dem ein paar Schweißtropfen ihren Weg sich bahnen. Die Haut ist eine polierte Oberfläche, Kunstleder sieht ähnlich aus. Der zarte Anthrazit-Fotofilter tut sein Übriges, um dem zwanzigjährigen Mann, der ein transformiertes Kind sein könnte, etwas Androides zu verleihen. Selbst der kleine ovale Nabel, das pointierte Zentrum des völlig körperfettlosen Bauchs, verweist keineswegs auf die Geburt, höchstwahrscheinlich handelt es sich um eine Ladebuchse für das Smartphone.

✳︎✳︎✳︎

Mit der Digitalisierung hat der Körper eine vollkommen neue Sichtbarkeit erlangt. Zum einen ermöglichen es die Kameras der Smartphones jedem Nutzer, sich zu filmen oder zu fotografieren, sich dabei zu inszenieren und das so entstandene Bild mit Filtern, Weichzeichnern und anderen Tools zu bearbeiten; zum anderen ist die Auflösung der Kameras inzwischen so hoch, dass auf einem Foto wesentlich mehr zu sehen ist als mit dem bloßen Auge in der Wirklichkeit. Nie war eine Fotografie ein Abbild der Welt, durch die nutzerfreundliche Postproduktion und die immer schärfere Bildauflösung wird die Kluft zwischen der Realität und ihrer fotografischen Reproduktion jedoch noch größer. Dadurch wächst der Druck, den realen Körper – mit all seinen in der Großaufnahme offenbar werdenden Makeln – dem digitalen bzw. idealen anzupassen. Dass in Deutschland mehr als zehn Millionen Menschen in einem Fitnessstudio angemeldet sind, ist nur zu verstehen, wenn neben den omnipräsenten biopolitischen Fitness- und Gesundheitsdiskursen auch die digitale Entwicklung berücksichtigt wird. Während der Podcast-Boom immer mehr »Stimmen ohne Körper« (Thomas Macho) hervorbringt, sind die Plattformen Instagram, Tiktok und Youtube auf den (Werbe-)Körper fixiert, und deren User sind von ihm besessen.

Ein körperloser Influencer ist nicht denkbar, ihm würde der Hauptaustragungsort, die Verkaufsfläche fehlen. Im Gegenzug sind Plattformen wie Instagram oder Tiktok buchstäblich geistlos. Das Denken wird zwar nicht zensiert, aber durch Nichtbeachtung marginalisiert. Dass eine Anekdote manchmal mehr als ein Roman erzählt, wissen wir von Kleist: Eine deutsche Influencerin wird an einem heißen Sommertag im Jahr 2020 ganz plötzlich ohnmächtig, worauf ihr sogleich Passanten zu

Hilfe eilen. Schon aus dem Krankenhaus, in dem man sie gründlich untersucht hat, postet sie erste Fotos in ihrer Insta-Story, da doch ein solches Ereignis nicht alle Tage vorkommt und nicht ungenutzt bleiben will. Die Fans überschütten sie mit Genesungswünschen, die Influencerin gelobt, ihre stressige Lebensführung zu überdenken und an ihrer Work-Life-Balance zu arbeiten, schließlich könne auch das Negative ins Positive gewendet werden etc. (Für jeden Zwischenfall gibt es in der Welt der sozialen Medien längst einen ungeschriebenen Kanon von Reaktionen und Pathosformeln inklusive passender Emojis, damit ja keine Irritation entsteht und alles nach aufmerksamkeitsökonomischen Gesetzen eingehegt werden kann.) Wieder daheim, schildert die Influencerin noch einmal das Geschehen, welches letztlich glimpflich ausgegangen ist, da sie, wie sie erleichtert und ohne Ironie sagt, zum Glück nur auf den Kopf gefallen ist.

Nicht ohne Grund lautet ein Bonmot des US-amerikanischen Schriftstellers Ambrose Bierce: »Werbung ist der Versuch, das Denkvermögen des Menschen so lange außer Takt zu setzen, bis er genügend Geld ausgegeben hat.« Und das funktioniert am besten über den Körper. Der Influencer ist eine Art Vorkoster, der an seinem eigenen Körper beweisen soll, dass das atmungsaktive Funktionsshirt tatsächlich ein Must-Have ist und das vegane Make-up wirklich mattiert, ohne rissig zu werden. Die Influencer sind dabei freilich nur die extreme Ausprägung eines generellen Phänomens in der Mode: Mit dem Aufkommen der zur Schau getragenen Logos wird jeder Konsument zum Werbeträger – nur noch die klassische Herren- und Damenmode bleibt nach außen hin diskret und verrät das jeweilige Label nicht.

Der gefilterte Body

Der Körper des Influencers ist jedoch nicht bloß Litfaßsäule, er ist nicht allein als fleischgewordene Schaufensterpuppe zu verstehen, sondern er selbst kann zum Markenzeichen werden. Diese Entwicklung ergibt sich aus dem Medium heraus: *Der sichtbare Mensch* heißt Béla Balázs' bahnbrechende Theorie des Films aus dem Jahr 1924,[1] in welcher er den entscheidenden Unterschied zwischen dem alten Medium Theater und dem neuen Medium Film benennt: Der Mensch kann durch die Großaufnahme (und die große Leinwand) auf neue Weise sichtbar werden, während das Theater, selbst in der ersten Reihe genossen, zwar durch die Liveness ein Präsenzmedium ist, jedoch gleichermaßen Distanzmedium bleibt. Die Mimik und der Charakter eines Gesichts werden im Film zum Ausdrucksmittel, und das Gesicht, das der Regisseur für eine Rolle auswählt, ist bereits ein Bedeutungsträger – man spricht von Typbesetzung. Auch der Körper erfährt durch das Kino eine Aufwertung, die Nahaufnahme führt seine Parzellierung herbei, die später von der feministischen Filmtheorie kritisiert wird: die Beine der Dietrich, der Waschbrettbauch von Brad Pitt, das Dekolleté von Anita Ekberg.

Um die vorherrschenden Körperbilder und ihre Wirkung auf die reale Welt nachzuvollziehen, ist ein Blick auf die Entstehungsgeschichte von Instagram unabdingbar. Kevin Systrom, der zuvor ein Jobangebot von Mark Zuckerberg abgelehnt hatte und sich später für eine Milliarde Dollar breitschlagen ließ, seine Firma an Facebook zu verkaufen, war keineswegs der einzige Unternehmer im Silicon Valley, der an einer Fotoplattform arbeitete. Tatsächlich existierten bereits Seiten, auf denen man ein Fotoalbum hochladen und kuratieren konnte. Auch gab es einige Apps, mit denen sich Fotos bearbeiten ließen. Instagram aber, das 2010 online ging, wollte kein weiteres Fotoarchiv werden, auf dem Menschen Hunderte Urlaubs- oder Kinderfotos ablegen, die sie sich hinterher nicht wieder ansehen.

Im Mittelpunkt der Aufmerksamkeit sollte der eine entscheidende Moment stehen, den man festhält, um ihn anderen zu zeigen. »Instant« (»sofort«) steckt im Namen des Unternehmens, das durch die quadratische Fotoform die Möglichkeiten bewusst limitierte, um den Nutzern einen Rahmen vorzugeben, innerhalb dessen sie sich kreativ austoben sollten. Es war, so der Gründungsmythos, Systroms Freundin, die gestand, sie wolle dort lieber keine Fotos hochladen, da das Handy oft eher unvorteilhafte Aufnahmen mache und die Realität, vor allem die Proportionen und die Haut, ungeschönt wiedergebe. Systrom fand den Einwand triftig und beauftragte einen Designer, spezielle Filter zu entwickeln, mit denen sich die Fotos vor dem Upload aufhübschen ließen. Das war der entscheidende Faktor, warum Instagram auch bei für ihre Eitelkeit berüchtigten Stars rasch Anklang fand. Inzwischen bieten viele erfolgreiche Influencer ihre eigenen Filter an. Ihr Einsatz ist derart selbstverständlich, dass unbearbeitete Fotos, die aussehen, als habe man nachgeholfen, eigens mit dem Hashtag #nofilter versehen werden. Beinahe hellsichtig ist da eine Szene aus der Komödie *Crazy, Stupid, Love* (2011), in der Ryan Gosling vor den Augen Emma Stones sein T-Shirt auszieht, worauf sie im Angesicht des braungebrannten, wohldefinierten Körpers sagt: »Seriously? It's like you're photoshopped!«

Mit der Instagram-App lässt sich spielend ein Körperideal formen, an dem die Natur nur scheitern kann, weshalb zunehmend in sie eingegriffen werden muss. Der

Boom der Plastischen Chirurgie hat gerade erst richtig begonnen. Bereits die Boulevardformate der neunziger und nuller Jahre erzählten gern von Frauen mit riesigen Silikonbrüsten, manch einer wird sich an den tragischen Fall des Erotikstars Lolo Ferrari erinnern. Freunden des Trash-TV ist unvergessen, wie sich Dieter Bohlens Ex-Freundin Nadja (»Naddel«) Abd el Farrag 2001 in einer Sat1-Sendung die gemachten Brüste wiegen ließ. Auch in den siebziger Jahren sprachen vereinzelt Stars über ihre Schönheits-OPs, so sorgte Hildegard Knefs Lifting für Furore. Country-Ikone Dolly Parton meinte später einmal kokett, es habe sehr viel Geld gekostet, so billig auszusehen, und Comedy-Legende Joan Rivers wünschte nach unzähligen Eingriffen, sie hätte eine Zwillingsschwester, um zu wissen, wie sie naturbelassen aussähe.

Doch das waren Ausnahmen von der Regel, die zugleich selten nachahmenswert erschienen. Im Instagram-Zeitalter ändert sich dies fundamental. Wo suggeriert wird, dass jeder ein Star sein kann, ist auch mitgemeint, dass jeder wie einer aussehen sollte. Liftings, Fettabsaugungen, Brust- und Povergrößerungen, das Spritzen von Botox oder Hyaluron – die analogen Filtermöglichkeiten sind nicht nur preiswerter geworden, sondern durch ihre starke Präsenz auch gesellschaftlich weithin akzeptiert. Dennoch kann die Realität mit den virtuellen Körperbildern nicht immer mithalten, wie der Plastische Chirurg Kevin Brenner mit Blick auf seine anspruchsvollen Kunden erläutert: »Sie zeigen mir ein Foto von jemandem, der etwas hat machen lassen, und dabei ist ihnen nicht klar, dass das mithilfe eines Instagram-Filters verwandelt wurde.«[2]

Laut einer 2019 veröffentlichten Studie der Deutschen Gesellschaft für Ästhetisch-Plastische Chirurgie (DGÄPC) konzentrieren sich 39,4 Prozent aller durchgeführten Behandlungen auf Faltenreduktion, auf Platz zwei liegt die Brustvergrößerung mit 8,3 Prozent, gefolgt von der Fettabsaugung mit 5,5 Prozent. »Soziale Medien als Einflussfaktor überzeugten nur 2,3 Prozent der von uns befragten Patient*innen«, heißt es zunächst beruhigend, doch gaben 61,7 Prozent der Befragten an, sich aufgrund eines »ästhetischen Leidensdrucks« für einen Eingriff entschieden zu haben.[3] Doch woher kommt dieser Druck? Wer gesteht schon ein, dass er bloß Follower-starke Idole nachahmen will? Und grundsätzlicher gefragt: Wer kann überhaupt so genau sagen und wissen, warum er etwas tut? »Das Kino gibt uns nicht, was wir wünschen, sondern es sagt uns überhaupt erst, was wir begehren sollen«, stellt Slavoj Žižek in *The Pervert's Guide to Cinema* klar. Der Satz trifft ebenso auf Instagram & Co. zu, wie ein weiteres Ergebnis der Studie zeigt:

Foto-Apps mit Filtern ermöglichen es, Selfies aufzupeppen und einem digitalen Make-up zu unterziehen. Immer häufiger führen solche idealisierten Selbstbilder zu dem Wunsch, auch in der realen Welt wie die eigene Erscheinung auf dem Foto auszusehen. In einer unter den Mitgliedern der DGÄPC durchgeführten Umfrage gaben 59,1 Prozent der befragten Chirurgen an, dass bereits vereinzelt Patient*innen mit über Bildbearbeitungsprogrammen veränderten Selfies als Vorlage für eine Behandlung in ihre Praxis gekommen sind. 9,1 Prozent waren mit diesem Phänomen sogar bereits sehr häufig konfrontiert.[4]

Das Selfie ermöglicht es, ein neues Bild von sich selbst zu bekommen. Es funktioniert nicht wie ein Spiegel, bei dem der Blick noch immer als zum eigenen Selbst und Körper zugehörig empfunden wird. Das Selfie lädt dazu ein, sich selbst wie einen Fremden zu betrachten.

Body Positivity

Gewiss lässt sich die Körpermodifizierung als Akt der Selbstermächtigung begreifen, als Sorge um sich selbst, als spielerischer Umgang mit der eigenen Identität, wie manche Zeitgenossen, die jegliche Kritik als Kulturpessimismus abqualifizieren, zu wissen glauben. Doch wie viel Selbst steckt in einer Ermächtigung, die hauptsächlich medial vermittelt wird und von gigantischen Wirtschaftsinteressen durchzogen ist? 2015 jedenfalls träumten viele Follower Kylie Jenners davon, ähnlich voluminöse Lippen zu haben wie der Instagram-Star. Teenagerinnen saugten deshalb ihre Lippen an Schnapsgläsern fest, um durch das Vakuum eine Schwellung hervorzurufen und anschließend Selfies für Instagram zu schießen. Doch selten erreichten die Posts die Perfektion von Kylie, die schließlich eingestehen musste, dass sie sich bereits mit ihren jugendlichen siebzehn Jahren die Lippen aufspritzen ließ, was die Öffentlichkeit schockierte. Einmal mehr war der Beweis erbracht, wie schädlich der Einfluss der Plattform auf die jugendliche Zielgruppe ist. Instagram wollte jedoch weiter wachsen, weshalb ein Shitstorm unbedingt verhindert werden musste. Wie das gelang, schildert Unternehmensbiografin Frier:

Liz Perle, die für Teenager zuständige Leiterin, hatte eine Idee, wie Instagram die Kontroverse als Einstieg nutzen könnte, um eine positivere Message zu verbreiten. Sie schickte Jenner eine Liste mit zehn Namen von Instagram-Nutzern, die sich lautstark über ihre diversen auf ihren Körper bezogenen Bedenken geäußert hatten. Ihre Idee war eine Kampagne, in deren Zuge Jenner auf ihrem Account solche Menschen unter dem Hashtag #iammorethan interviewte, was man beispielsweise zu »iammorethan my lips« vervollständigen konnte – »ich bin mehr als meine Lippen«.[5]

Das Prinzip »Den Bock zum Gärtner machen« wenden Instagram und die Influencer seitdem in jeder brenzligen Situation an. Äußert sich ein Influencer unbedacht etwa über Rassismus, werden gleich die Kritiker integriert, das heißt, durch eine Umarmung erdrosselt. Moderne Managementtheorien haben dieses Konzept der »Dialogie« entwickelt, damit der Widerstand in- oder außerhalb eines Unternehmens eingehegt und produktiv genutzt werden kann.[6] Insbesondere im Fall von fragwürdigen Körperbildern, die die Influencer regelmäßig produzieren und als beispielhaft ausstellen, reagieren viele nach kritischen Fan-Reaktionen mit »Body Positivity«-Kampagnen, für die sich immer häufiger auch die Mode- und Kosmetikindustrie sowie progressiv-neoliberale Stiftungen interessieren. Inkludiert werden sollen auf diese Weise dissidente Positionen zu den perfektionierten Werbekörpern. Influencer zeigen sich dann in ungünstigen Posen oder ungeschminkt, was den Ruhm verlässlich steigert, gilt hier doch das alte Hollywood-Gesetz, dass mit einem Oscar rechnen darf, wer »Mut zur Hässlichkeit« beweist.

Aber auch Menschen mit Übergewicht oder Schönheitsfehlern versuchen – mitunter unabhängig von Konzerninteressen – unter dem Hashtag #bodypositivity ihr Glück, zum einen, um auf sich aufmerksam zu machen und sich zu vermarkten, zum anderen sollen so Körpernormen infrage gestellt werden. Der offensiv präsentierte Makel kann in seltenen Fällen sogar zu einem Unique-Selling-Point werden, doch gelingt so tatsächlich eine Trendumkehr? Schwerlich, denn auch die Body-Positivity-Posts bleiben in der Logik einer akzeptierten und vom Konsumkapitalismus zementierten Norm gefangen, gerade weil durch eine dezidierte Abgrenzung die Norm als solche anerkannt wird. In gewisser Weise sind Body-Positivity-Anhänger noch mehr vom Lookism besessen als jene, die seinen Anforderungen einfach entsprechen.

Vergessen wird bei den allenfalls gut gemeinten Aktionen die Essenz der Plattform und des Erfolgs der Influencer: Es geht im Grunde stets um das Ausstellen ansprechender Körper, die zum Konsum anregen sollen. *Sex sells.* Oder wie Eva Illouz festhält: »Das ökonomisch-sexuelle Subjekt ist *das* eigentliche Subjekt der Moderne.«[7] Dass sich Modemagazine oder große Werbekampagnen mit sogenannten Plus-Size-Models oder »normalen« Frauen schmücken, muss als Marketingtrick gewertet werden, mit dem das Image aufpoliert werden soll, niemals aber auf Dauer Erfolg generiert werden kann. Als sich Prominente noch nicht hinter solch moralinsaurer Authentizität und verlogener Ehrlichkeit versteckten, war mitunter ein aufrichtiges Wort zum Business mit dem Körper zu vernehmen – so bemerkte Playmate Pamela Anderson einmal: »Meine Brüste hatten eine fabelhafte Karriere – ich bin einfach immer nur mitgetrottet.«

Selbstoptimierung als Show

Der sichtbare Körper der Influencer ist einer, der im Gegensatz zu dem früherer Stars nicht einfach erscheint und, wenn der Vorhang fällt, wieder verschwindet, vielmehr wird ausgestellt, wie er mithilfe von Fitness-Apps und diversen Produkten bearbeitet wird. Selbst eine Paris Hilton bot zwar tiefe Einblicke, wenn sie ohne BH und Slip im kurzen Kleid auf dem roten Teppich posierte bzw. »erwischt« wurde, doch war sie damit noch ein Star vom alten Schlag, bei dem die Paparazzi etwas decouvrieren und anschließend publizieren mussten. Ihre Freundin Kim Kardashian sowie deren Schwestern und Mutter begriffen jedoch bald, dass das Geschäft um die Aufmerksamkeit im Internet völlig anders funktionieren würde.

Mutter Kris Jenner, Chefin des Familienimperiums, erhielt aufgrund der Instagram-Aktivitäten ihrer Familie 2013 plötzlich viele Anrufe von reichlich verwunderten Freunden aus der US-amerikanischen High Society, die sich an diesem Exhibitionismus störten:

> Viele von ihnen dachten, ohne ein gewisses Maß an Privatsphäre und Geheimnistuerei wären sie nicht mehr so interessant. Sehr viele Menschen in der Unterhaltungsbranche wollten sich nur dann mitteilen, wenn sie ein richtiges Interview gaben oder im Fernsehen auftraten.[8]

Kris Jenner, deren Tochter Kylie knapp 200 Millionen Instagram-Follower hat, gab nichts auf diese Einwände, sie verstand intuitiv den radikalen Medienwandel und ahnte, dass ihre Töchter zu Trendsetterinnen werden könnten. Diese posteten, nachdem sie sich 2012 auf der Plattform angemeldet hatten, offenherzige Fotos, häufig aus privaten Räumlichkeiten; bereits Reality-TV-erprobt, nahmen sie jetzt mit ihrem Smartphone die Produktion selbst in die Hand. Sie wurden zur Influencer-Avantgarde, ihre Rundungen zu den bekanntesten Silhouetten der Medienwelt.

Vor allem Insta-Storys bestehen zu einem hohen Anteil aus Blicken hinter die Kulissen, aus Making-ofs zur Influencer-Perfektion. Auch Models wie Heidi Klum zeigen dort nun des Öfteren, wie sie sich unter den Fittichen von Maskenbildnern und Haarstylisten in den Star verwandeln, der sie im Alltag nicht sind. Das Illusionstheater, bei dem Richard Wagner im 19. Jahrhundert sogar das Orchester und somit die musikalischen

Arbeiter und den Produktionsprozess verschwinden ließ, wechselt sich nun ab mit permanenten Brechungen und V-Effekten, wenn die Influencer Hautprobleme, Rasierpickel, Spliss oder Cellulite thematisieren, um den Werbekooperationen gerecht zu werden. Der Körper wird zum Projekt erklärt, an dem fortwährend gearbeitet werden muss. Am Ende einer Story steht immer nur ein vorläufiges Ergebnis, morgen geht es weiter, denn mit den neuen Werbeverträgen tauchen weitere Widrigkeiten auf, die bekämpft werden müssen.

Weibliche Influencer geben in ihren Storys täglich Hilfestellungen, wie man den Busen oder die Augen besser betonen kann, welche Kleidung angesagt ist und die Follower besonders sexy wirken lässt. Für eigene und fremde Kollektionen wird geworben, ununterbrochen ist auf Instagram Fashion Week, so dass die offiziellen Modenschauen nur noch deshalb relevant sind, weil die großen Labels mit den Influencern kooperieren. Das hat zur Folge, dass das Subtile in der Mode immer weniger repräsentiert wird, Kollektionen entstehen zunehmend unter dem Kriterium, ob die Kleidungsstücke Instagram-tauglich sind, was meint, ob sie einen hohen Wiedererkennungswert haben. Influencer müssen auffallen: mit extremen Körperformen, schriller Mode und häufig mit spleenigen Accessoires. Große bunte Ohrringe, blinkende Handtaschen und Gürtelschnallen sind die Leuchtreklamen des Plattformkapitalismus. Sneaker werden immer klobiger und mit immer größeren Applikationen versehen. Verantwortlich dafür ist auch der Smartphone-Screen, auf dem die meisten der Influencer-Posts betrachtet werden. Wesentlich kleiner als auf dem Fernsehschirm oder in Illustrierten wird die Mode präsentiert, die Liebe zum Detail, für die die Haute Couture einst stand, wird immer seltener erwidert.

Denn mehr ist mehr: Auf Youtube, Tiktok und Instagram neigen Influencer deshalb zu übergroßen Gesten und überdrehter Mimik, knallchargenhaft werden Augen gerollt und Lippen gespitzt. Körper werden lasziv verbogen, um Kurven und Muskeln zu betonen. Wenn das nicht ausreicht, hilft die sogenannte Shapewear weiter, die den Body in die gewünschte Form bringt, Fettpolster verschwinden lässt sowie Po und Brüste anhebt. Als Kim Kardashian 2019 eine eigene Linie mit stützender Unterwäsche herausbrachte, jubelten ihre Follower, dass sie sich so freimütig zum Korsett des 21. Jahrhunderts bekannte. Selbst netzfeministisch bewegte Autoren begrüßen so viel Ehrlichkeit bisweilen gar als mutigen Tabubruch, nicht sehend, dass das Bild zu Saïs längst seines Schleiers beraubt wurde, weil die Arbeit am Selbst und am Körper ein wichtiges Neuland der Kapitalakkumulation ist. Während das Silicon Valley durch Brainhacking-Projekte wie Elon Musks Neuralink das menschliche Gehirn erobern will, okkupiert die Schönheitsindustrie den Körper, dessen Bedürfnisse unstillbar sind, da Erschlaffung und Verfall unaufhaltsam voranschreiten. Nichts, was beim Yoga oder Zumba erarbeitet wurde, ist von Dauer, jede Morning-Routine lässt neue Baustellen zu Tage treten. Der Markt des Körpers ist – im Gegensatz zu vielen anderen Märkten – nie gesättigt. Akkumulation und Konsumtion bleiben beim Werbekörper unabgeschlossen.

Arbeit am und mit dem Körper

Speziell männliche Fitness-Influencer arbeiten zur Dokumentation des Erreichten häufig mit Vorher/Nachher-Vergleichen. »Vom Lauch zum Alpha«, sind die Fotos dann untertitelt, von »Transformation« ist die Rede. »Heute wieder spontan 3 kg schwerer aufgewacht. Nicht das schönste Gefühl in der Diät. Aber man muss einfach realisieren, dass sowas nur Wassereinlagerungen sind!«, schreibt einer über seine aktuelle Diät, um sich möglichst bald sehnig und körperfettlos fotografieren zu können. Ein Gesinnungsgenosse kann stolz auf sich sein: »Leute, was eine Woche ich war diese Woche 6 mal im Training plus eine Trainingseinheit im Crossfit weggeballert Wie oft habt ihr die Woche Sport gemacht?«, »Nicht aufgeben, durchhalten und Kraft finden«, ist neben dem Foto eines anderen jungen Mannes, der seinen Bizeps flext, als Mutmacher zu lesen. Die Follower, in der Regel überwiegend Männer, spornen sich in den Kommentarspalten an und machen dem Influencer Komplimente: »Hammer Brust!«, »Du Tier!«, »Maschine!«, »Warrior!«, »Siehst aus wie ein Gott« – bisweilen wird mit dem Hashtag #nohomo die eigene Heteronormativität unterstrichen, wobei die Bewunderung von Männern für andere Männerkörper immer häufiger ohne eine solche Abgrenzung auskommt.

Der homosoziale Raum der Umkleide im Gym wird in die sozialen Medien erweitert, während der geoutete Influencer nach wie vor das Risiko eingeht, nur noch für die »Community« der Schwulen relevant zu sein. Einige heterosexuelle Influencer schweigen sich über ihre sexuellen Präferenzen aus, um die Zielgruppe möglichst groß zu halten, denn auch das LGBT-Publikum ist kaufkräftig und gibt sich keineswegs immer gleich mit Regenbogenfahne im Profil zu erkennen, höchstens kunsthistorische Bezüge in den Kommentarspalten – »Du bist Michelangelos David!« – lassen gewisse – zu Winckelmann zurückreichende – Schlüsse hinsichtlich der Neigung zu, wenngleich von »edler Einfalt« und »stiller Größe« in der Selbstvermarktungsbranche nichts geblieben ist. Vielmehr sehen wir die Körper der Leistungsgesellschaft: die Frau im Bikini, der Mann shirtless – jeweils mit Laptop in der Hand, immer muss gerade eine Excel-Tabelle ausgefüllt und müssen Erfolge neu »skaliert« werden. Die Haut und der Touchscreen sind gleich glatt.

Nichts darf irritieren, stören, rau oder uneben sein, kurzum: dem *punctum* wird der Garaus gemacht. Roland Barthes unterscheidet zwischen zwei Betrachtungsweisen von Fotografien, dem *studium* und dem *punctum*. Beim *studium* geht es um ein allgemeines Gefallen und Interesse für das Dargestellte: »Das *studium* bezieht sich auf das höchst ausgedehnte Feld der unbekümmerten Wünsche, des ziellosen Interesses, der inkonsequenten Neigung: *ich mag / ich mag nicht*, *I like / I don't*.«[9] Barthes antizipierte damit die Instagram-Ästhetik, die freilich die Negation, das »I don't«, nicht mehr kennt. Negativitätserfahrung böte aber vor allem das *punctum*, das Barthes als etwas charakterisiert, das irritiert, das aus dem Foto heraussticht und den Betrachter wie ein spitzer Gegenstand trifft. Es ist der Zufall selbst, der sich auf das Foto schleicht und nicht komponierbar ist, erklärt Barthes. Mögen die Fotos der Influencer auch grell und effekthascherisch sein, giert das Schrille doch nur nach dem Like und ist lediglich Ausdruck einer Aufmerksamkeitsökonomie, die das Sensationelle, nicht aber das Herausragende belohnt. Zu sehen sind, wie Barthes sagen würde, »einförmige Photographien«.[10] Gleichmäßige Oberflächen, über die der Daumen der Nutzer wischt, ohne hängenzubleiben. Die Fotos sind wie die Influencer-Körper, die im wahrsten Sinne des Wortes *fit* sind, heißt dies doch ursprünglich nichts anderes als »passend«.

Dieser Passförmigkeit entspricht der Influencer-Tag,

der mit der Morning-Routine beginnt, anschließend folgt ein Update zum Frühstück, das so zu sein hat, dass man den Hashtag #healthy dazu posten kann. Dieser verschlagwortet Aspekte der Gesundheit, Diät, der körperlichen und »mentalen« Fitness. Mit Essen hat das wenig zu tun. Laut dem 2020 veröffentlichten Ernährungsreport des Bundeslandwirtschaftsministeriums wollen 98 Prozent der Deutschen, dass das Essen schmeckt. Verwundert fragt man sich, wer nur die restlichen zwei Prozent sind – und erhält die Antwort bei Instagram, wo Influencer täglich bunte Pampen anrühren und auslöffeln. Der Trend des sogenannten Superfoods, das bei regelmäßigem Verzehr die Leistungsfähigkeit eklatant erhöhen soll, wird von den Instagram-Stars maßgeblich gestützt. Was gewöhnliche Menschen täglich verzehren: ein Brot mit Käse oder Wurst, Fischstäbchen mit Kartoffelpüree, Frikadellen, Currywurst mit Pommes, Linsen- oder Erbseneintopf, scheinen Influencer nicht zu essen. Jeder wird zum Food-Designer, das Essen muss dem Medium angepasst werden, dabei sind drei Aspekte entscheidend: Gegessen wird, was schön, leistungssteigernd und gesund ist. Diese Kombination aus Ästhetik, Arbeitsethos und Biopolitik spiegelt sich in der gesamten Existenzweise des Influencers wider.

Schaut man stundenlang Insta-Storys, stellt sich irgendwann die Frage, ob es außer den lancierten Werbungen noch ein weiteres verbindendes Sujet gibt. Wir sehen Menschen, die aufwachen, frühstücken, sich schminken, sich rasieren, Sport machen, etwas kochen, sich eincremen, sich sonnen, sich frisieren, zwischendurch ruhen, wieder kochen, wieder essen, sich abschminken, zu Bett gehen. Es ist die totale Reduktion auf den Körper und dessen Funktionen, womit gleichzeitig die größtmögliche Zielgruppe überhaupt adressiert werden kann: der

Mensch. Dessen Existenz, wird den biopolitischen Anforderungen nicht entsprochen, bedroht ist. Der »Daumen runter«-Button bei Youtube, der Kommentar-Shitstorm bei Instagram, vor allem aber die unsichtbare Macht der Algorithmen, in die man die Körper einprogrammiert hat, sind Selektionsmechanismen, die das präsentierte »nackte Leben«, wie Giorgio Agamben sagen würde, zu einem stets gefährdeten machen.

Hin und wieder darf allerdings ein wenig über die Stränge geschlagen werden, manchmal ist ein Croissant oder süßes Baklava erlaubt. Nicht fehlen sollte dann jedoch der Hashtag #nothealthyatall. Fitness-Influencer sprechen hingegen vom Cheat-Day, wenn sie während ihrer Low-Carb-Diät an einem Tag der Woche schummeln und ihren Gelüsten nachgehen. Ein besonders auffälliges Phänomen stellt der Genuss von Schokolade verbunden mit Weiblichkeit dar: »So wie Rosa zu einer Farbe geworden ist, die sowohl Freiheit als auch sexuelle Verfügbarkeit symbolisiert, eine merkwürdige Form hygienischer Nacktheit [...], so ist Schokolade heute ein Zeichen dafür, dass die Frau, die sie nascht, ein kleines bisschen, naja, eben ›ungezogen‹ ist«, schreibt die feministische Theoretikerin Nina Power.[11] Praktiziert werde auch von erwachsenen Frauen eine infantile Mädchenhaftigkeit – wann immer sie nach ihren Vorlieben gefragt würden, erklärt Power, fügten sie am Ende einer Aufzählung hinzu »und Schokolade!«. Ebenso ist die Dominanz von Rosa auf Instagram ungebrochen: Nicht nur der Bikini und Lippenstift, das Plumeau und die Süßigkeit, diese kleine Sünde, sind oft rosa, auch die Körper erscheinen in Zartrosa. Das ist keine neue Entwicklung, vielmehr reicht die Traditionslinie über Édith Piaf zurück bis ins Angestellten-Milieu der Weimarer Republik. »Entscheidend«, zitiert Siegfried Kracauer einen

Herrn aus der Personalabteilung eines Berliner Warenhauses, sei »die moralisch-rosa Hautfarbe«, um angepasst zu sein und angestellt zu werden. Die Moral soll nach Wunsch der Personalabteilung »rosa gefärbt« und das »Rosa moralisch gefärbt« sein, damit die »keineswegs rosige Wirklichkeit verhüllt« bleibt. Schon damals konstatiert Kracauer unter den Angestellten eine Uniformierung: »Sprache, Kleider, Gebärden und Physiognomien gleichen sich an, und das Ergebnis des Prozesses ist ebenjenes angenehme Aussehen, das mithilfe von Photographien umfassend wiedergegeben werden kann.«[12] Die mediale Reproduktion ist entscheidend für das Äußere der neuen Klasse, die gern sauber ist. Der Körper des Influencers ist hyperhygienisch – innerlich und äußerlich. Von äußeren und inneren Reinigungen, von einem »cleanen« Körper wird ebenso gesprochen, zusätzlich wird Psychohygiene betrieben: Die Coaches empfehlen, nur noch positive Gedanken und Menschen an sich heranzulassen, alles optimistisch zu sehen, gerade auch die Schicksalsschläge. Und die Insta-Story verwandelt sich immer wieder in einen Beichtstuhl. Einmal mehr, wissen die glossy Lippen zu berichten, war der Wille zwar stark, das Fleisch jedoch schwach.

Da hilft nur noch mehr Selbstüberwachung und -kasteiung: der Fitness-Tracker als digitale Geißel,[13] die nicht mehr schmerzt, sondern das zu optimierende Subjekt in die richtige Richtung stupst. Die sozialen Medien setzen gleichfalls auf Nudging, denn wer möchte nicht, dass sich die Herzchen rot färben bei einem Like, und wer ist nicht neugierig und klickt, wenn man ein Instagram-Profil aufruft und sich Momente später ein lila-orangefarben changierender Kreis um das Profilfoto bildet, der eine neue Insta-Story ankündigt? Immer gibt es etwas zu sehen: Manche Männer führen ihren Ernährungs-

und Trainingsplan auf, andere bieten ihn zum Verkauf an, Nahrungsergänzungsmittel und Sportleibchen werden beworben, meist getarnt als Hilfestellung für jene, die das Ziel, das, wie die Philosophen unter den Influencern gelegentlich betonen, eigentlich doch der Weg ist, noch lange nicht erreicht haben. Besonders in englischsprachigen Hashtags wie #work, #hardwork oder #workout fallen Arbeit und Training zusammen, die Muskelmasse wird zum Beweis des beruflichen Erfolgs, wenngleich kaum ein Follower noch einer körperlichen Arbeit nachgeht, sondern allein im Fitnessstudio und gegen Gebühr eine industrielle Atmosphäre erleben kann. Viele dieser Influencer betreiben Onlineshops, erzählen von ihren Aktiendepots oder sind im ominösen Coaching-Milieu tätig: allesamt Sektoren, die keine physische Kraft verlangen, was die propagierte Kausalität – dicke Muskeln gleich dickes Portemonnaie – irrwitzig erscheinen lässt. Der Kampf gegen das Fett ist lukrativ: Nicht nur Politiker wie Friedrich Merz warnen in Bestsellern vor der Verfettung des Volkes, generell werden Menschen, die nicht der Norm des Body-Mass-Indexes entsprechen, herabgesetzt:

Systematischer Fett-Hass [...] durchkreuzt viele gesellschaftliche Bereiche. [...] In dieser Ideologie werden »fettleibige« Menschen als ekelhaft, animalisch, faul, willensschwach, hässlich, asexuell, zügellos und gefräßig betrachtet. Sie sind nicht nur von weichem und undiszipliniertem Fett umgeben, sie sind dieses Fleisch und ihr Körper ist sichtbares und unleugbares Zeichen ihrer Unbeherrschtheit und Disziplinlosigkeit.[14]

Wenngleich sie alle sportlich sind, herrscht bei männlichen Influencern keineswegs ein einheitliches Körperbild vor. Untrainierte oder gar dicke Männer sind allerdings absolute Ausnahmen und höchstens in der Sparte

Comedy zu finden, weil Humor seit der antiken Komödie zumeist am Körper verhandelt wird. Der Rest joggt und pumpt, wobei der Bodybuilder-Leib zwar keine Randerscheinung mehr darstellt, aber dennoch nicht gänzlich im Mainstream angekommen ist. Die Tendenz zum Körperpanzer ist allerdings unübersehbar. Inkorporiert ist bereits, dass die Gesellschaft mit den Schwachen kein Erbarmen hat, dass sie vom Staat drangsaliert, von den Medien desavouiert werden, weshalb nichts hinweisen soll auf fehlende Disziplin oder Mangel an Willen. Die Leistungsgesellschaft, deren tragisches Ende in den vergangenen drei Jahrzehnten zu erleben war, feiert auf Instagram ihre Wiederaufführung als Farce mit teils bizarren Figuren – Köpfe groß wie Erbsen auf Schultern breit wie Wandschränke.

Doch manchmal ist Freizeit angesagt, des Öfteren nun #metime genannt, als habe man nicht schon die ganze Zeit nur um sich selbst gekreist. Auf Liegestühlen oder im Pool auf Luftmatratzen oder Schwimmringen liegen dann häufig die braunen, prallen, pornografischen Körper, erholen sich vom Tagwerk, und ihre Besitzer erzählen im Begleittext, dass sie gerade »die Zeit genießen«. Ja, wenn sie nur wüssten, was Genuss meinen kann. Was aber tun mit der antrainierten und -operierten Sexyness, mit den Alpha-Muskeln und Schlauchbootlippen? Die Influencer und ihre Follower wissen es selbst nicht. Es ist mit den Körpern wie mit den meisten Luxusprodukten: Man kauft sie, hat sie, hegt und pflegt sie, nur wirklich etwas damit anfangen kann man nicht. Erotik oder gar libidinöse Abgründe verheißen diese Körper so wenig wie die aufblasbaren Gummiflamingos, von denen sie über Wasser gehalten werden. Gewiss, auf Instagram und Facebook sind bis heute keine entblößten weiblichen Brüste erlaubt, und Youtube bewertet Videos schlechter, in denen auch nur über diese gesprochen wird. Einen Ausweg, den inzwischen immer mehr Influencer wählen, bietet Onlyfans. Auf der auf pornografische Inhalte spezialisierten Plattform können gegen eine monatliche Gebühr einzelne Creators abonniert werden, die dann in Live-Streams, Videos und auf Fotos die Hüllen fallen lassen. Wer allerdings auf den konventionellen Plattformen erfolgreich werben will, muss den absurd prüden Regeln der Netzgiganten sich unterwerfen – wer sich gegen sie auflehnt, wird mit Sperren belegt, die eine ganze Existenz kosten können. Doch selbst wenn diese Vorgaben nicht bestünden, würden die Bilder mit hoher Wahrscheinlichkeit von derselben Sterilität und Prüderie strotzen, wie sie es schon heute tun. Der Warenkörper »penetriert«, wie es im Marketingsprech heißt, zwar unentwegt die Konsumenten, doch bleibt er lustfeindlich. Noch immer gilt: »Kunstwerke sind asketisch und schamlos, Kulturindustrie ist pornographisch und prüde.«[15]

6. Rosa oder blau? Neue und alte Geschlechterrollen

Eine junge Frau mit langen, blonden Haaren kniet im Sand des mallorquinischen Strandes. Hinter ihr rollt eine Welle heran, die in wenigen Augenblicken ihre Beine umspielen wird. Der Sand ist cremefarben, der Himmel blau, lediglich leichte Wolkenschleier sind zu sehen. Außer ihr ist das Bild menschenleer, allein ein Boot am Horizont des türkisblauen Meeres deutet auf die Existenz weiterer Menschen hin. Die lachende Frau trägt einen figurbetonten weißen Badeanzug, der auf Höhe ihrer Taille ausgeschnitten ist. In ihrer rechten Hand hält sie einen riesigen aufblasbaren Schwimmring. Was auf den ersten Blick aussieht wie ein Miss-Universe-Contest, entpuppt sich bei genauerem Hinsehen als ein »Hochzeits-Update« für die Community: Auf dem weißen Badeanzug steht in geschwungenen Lettern »Getting Hitched«, der aufblasbare Gummireifen hat die Form eines goldenen Diamantrings. Auch wenn es noch mehr als ein Jahr dauern wird, bis die Influencerin ihrem Partner wirklich das Ja-Wort gibt, lächelt sie bereits glückselig in die Kamera. Dutzende Beiträge, die auf die kommende Hochzeit verweisen, wird sie posten. Ob ihre Vorfreude der Hochzeitsfeier, der Erwartung baldigen Familienglücks oder der Antizipation zukünftiger Werbekooperationen gilt, vermag der Betrachter nicht zu entscheiden.

✳✳✳

In der Influencer-Domäne kann kaum von einer mangelnden Repräsentation des weiblichen Geschlechts die Rede sein. Während die meisten politischen und ökonomischen Machtpositionen weiterhin von Männern besetzt sind und Diskussionen über Frauenquoten erst neuerdings mehr als halbherzig geführt werden, erscheinen die Netzstars als Speerspitze des Fortschritts: Die Top-Influencer-Listen sind national wie international weiblich dominiert, und zumindest im ökonomischen Sinne handelt es sich bei den Influencerinnen um sehr moderne Frauen. Sie sind Unternehmerinnen ihrer selbst, die sich der Öffentlichkeit sexuell freizügig, charmant und um ihren Werbewert wissend präsentieren.

Parallel dazu scheint auch das Männerbild im Internet einem Wandel unterworfen, der männliche Körper wird mehr und mehr an gleichermaßen strengen Schönheitsnormen gemessen. Diese Tendenz der Sexualisierung des männlichen Körpers und deren Nutzbarmachung stellt zweifelsohne eine historische Neuerung dar. Die *Berliner Zeitung* bemerkt:

Instagram zeigt auch, dass nicht nur nackte Frauen für Aufmerksamkeit sorgen. Vielleicht sind Bilder von nackten Männern sogar genauso gefragt. Sie standen bisher einfach nicht im Fokus – weil der Werbegrundsatz Sex sells immer nur von einer Sexualität ausgegangen ist, nämlich der von heterosexuellen, älteren Männern. Auch daran dürfte sich in den nächsten Jahren einiges ändern.[1]

Schematisieren wir diese Beobachtungen, dann findet derzeit eine doppelte Angleichung zwischen den Geschlechtern statt: Der Mann wird stärker auf seinen Körper reduziert als je zuvor, die Frau wiederum wird zur potenten und karrierebewussten Unternehmerin. Voller Euphorie schreibt die *Berliner Zeitung* über diese Trends: »Dass unsere Gesellschaften prüde werden, ist nicht zu befürchten, im Gegenteil. Sex sells – das wird weiter gelten. Nur die Regeln dahinter werden neu definiert. Wir sollten uns darauf freuen.«

Die Vorfreude auf eine erweiterte Emanzipation der Frau vom Mann könnte jedoch bald in Ernüchterung umschlagen, denn eine Modernisierung des Blickes auf weibliche Körper ist von den Influencerinnen kaum zu erwarten. Dominierend sind drei mehr oder weniger klischierte Frauentypen: die sexy Businesswoman, die ewige Lolita oder die eine Playmate-Ästhetik bedienende Sexbombe. Bisweilen spielt eine Influencerin mit all diesen drei Idealtypen, kokettiert wird mit der eigenen Anpassungsfähigkeit an die Forderungen der Schönheitsindustrie. Ohne äußeren Zwang schreiben sie die über Jahrhunderte etablierten Ungleichheiten fort.

Worin bestehen diese? In den gesellschaftlichen Rollen, die Mann und Frau einnehmen, in der Handlungsfähigkeit, die ihnen zuteilwird. Simone de Beauvoir leitet in *Das andere Geschlecht* her, wie die Frau »zum großen Teil eine Erfindung des Mannes« wurde:

Jedes Bewußtsein strebt danach, sich allein als souveränes Subjekt zu setzen. Jedes versucht, sich selbst zu erfüllen, indem es das andere knechtet. [...] Das Drama kann durch das freie Sicherkennen jedes Individuums im anderen überwunden werden, indem jeder gleichzeitig sich und den anderen in einem wechselseitigen Hin und Her als Objekt und als Subjekt setzt.

Die Frau jedoch setzt laut Beauvoir dem Mann nicht »den rigorosen Anspruch einer wechselseitigen Anerkennung entgegen«, sie erscheint als das »Unwesentliche, das nie zum Wesentlichen wird, als das absolute Andere ohne Wechselseitigkeit«.[2] Auf dieses Andere kann der Mann seine Sehnsüchte, Bedürfnisse und Lüste, aber auch seinen Abscheu, Ekel, kurz seinen Frauenhass projizieren. Darin besteht der Mythos der Frau, sie wird zum ewigen Objekt des Mannes und nimmt dabei allerlei Formen und Gesichter an: die Mutter, die Prostituierte, das Leben, den Tod. »Vom Guten bis zum Bösen verkörpert sie leibhaftig alle moralischen Werte und deren Gegenteil.«³

Die von Männern geschaffene Kunst, dies stellt Beauvoir anhand von Mythen, Gedichten und Romanen dar, nutzt die Frau als Projektionsfläche, und so ist es wenig verwunderlich, dass dies besonders für das Kino gilt: Es war immer eine Kunst der Projektion, in einem technologischen – der Übergang vom analogen zum digitalen Filmprojektor hat daran nichts geändert – wie in einem sexuellen Sinne.

Wie das Kino den weiblichen Mythos übernahm und neu inszenierte, analysierte die Filmtheoretikerin Laura Mulvey in den siebziger Jahren in ihrem Aufsatz »Visuelle Lust und narratives Kino«. Sie untersuchte das Mainstream-Kino, etwa die Filme Alfred Hitchcocks und Josef von Sternbergs, aus feministischer und psychoanalytischer Perspektive und zeigte, wie das durch den *male gaze* geprägte Hollywood-System patriarchale Rollenmuster verherrlichte und Frauen benutzte, um männliche Triebe zu befriedigen:

Der bestimmende männliche Blick projiziert seine Phantasie auf die weibliche Gestalt, die dementsprechend geformt wird. In der Frauen zugeschriebenen exhibitionistischen Rolle werden sie gleichzeitig angesehen und zur Schau gestellt, ihre Erscheinung ist auf starke visuelle und erotische Ausstrahlung zugeschnitten, man könnte sagen, sie konnotieren »Angesehen-werden-Wollen«. Die Frau als Sexualobjekt ist das Leitmotiv jeder erotischen Darstellung: von Pin-ups bis zum Striptease, von Ziegfeld bis Busby Berkley [sic!]. Der Blick ruht auf ihr, jedenfalls für das männliche Verlangen, das sie bezeichnet.⁴

Auch im Kino erlangte die Frau nie Autonomie, sie blieb weiterhin Schau-Objekt des Mannes, doch die Analyse dieser Machtverhältnisse war nicht nur negative Kritik, sondern bot zugleich einen Ausweg. Mit Marx gesprochen fand sie »in dem positiven Verständnis des Bestehenden zugleich auch das Verständnis seiner Negation, seines notwendigen Untergangs«.[5] Mulveys radikale Konsequenz lautete: »Man sagt, daß durch Analysieren Vergnügen oder Schönheit zerstört werde. Genau dies habe ich mir vorgenommen.« Der männliche Blick sollte zerstört werden, »um zu einer neuen Sprache des Begehrens zu gelangen«.[6]

Ähnliche Programmatiken, die einen erneuerten Blick auf Frauen etablieren und den Bruch mit konservativen Schönheitsnormen wagen wollen, lassen sich – wenn auch nicht immer gleichermaßen radikal formuliert – im modernen Netzfeminismus finden.[7] Doch ihre Vertreter nehmen in den sozialen Netzwerken eine marginalisierte Rolle ein, dominant ist weiterhin das mystifizierte Bild der Frau, das durch den männlichen Blick definiert wird. Es ist die Bildsprache der Werbung, des Films, des *male gaze*, die auf den Profilen der Influencerinnen zu finden ist. Sie machen sich die Mythen zunutze und konstituieren sich mit ihrer Hilfe als erweiterte Projektionsfläche, auf die nicht nur ein Klischee von Weiblichkeit, sondern auch Werbung geworfen werden kann. Die Fruchtbarkeit – Beauvoir zufolge einer der häufigsten weiblichen Mythen – wird für allerlei Produktplatzierungen instrumentalisiert, die Kurven der Influencerinnen können Superfood wie Turnschuhe gleichermaßen aufwerten. Auch lassen sich Sexyness und Muttersein neuerdings verbinden (Stichwort: Mommy-Influencer), so wie der Mythos der Frau schon immer alles und sein Gegenteil verkörpern konnte. Bestätigt wird dabei eine Ästhetik, die jahrzehntelang der Unterdrückung von Frauen diente und welche die (zumeist weiblichen und jungen) Follower drängt, sich selbst diesen Normen und Selbstdarstellungen anzupassen.

Diese Adaptation scheint paradox: Die feministische Theorie hatte die unterdrückerische Qualität dieser Ästhetik schon lange dechiffriert und zu ihrer Aufhebung aufgerufen. Die Influencerinnen scheinen jedoch nicht willens, sie zu verändern oder gar zu negieren. Im Regelfall verhalten sie sich affirmativ zu ihr, und wenn sie einmal ein Bild posten, das eine Speckfalte sichtbar werden lässt, wird sofort mit Hashtags wie #nobodyisperfect in Erinnerung gerufen, dass im Regelfall jedes ihrer Bilder »perfekt« aussieht.

Dieser Widerspruch zwischen emanzipierten Entrepreneurinnen und frauenfeindlicher Bildsprache soll daher im Folgenden doppelt gedeutet werden: Einerseits kann er als Unterwerfung unter den männlichen Blick verstanden werden, so dass die Influencerinnen an ihrer eigenen Unterdrückung mitarbeiten. Andererseits könnte ihr finanzieller Erfolg, der für sie Unabhängigkeit vom Mann bedeutet, dafür sorgen, dass diese Ästhetik zumindest für die weiblichen Werbekörper selbst ihr unterdrückerisches Potenzial einbüßt.

Weibliche Komplizenschaft

Gehen wir zuallererst davon aus, dass es sich bei dieser Ästhetik tatsächlich um eine der Unterdrückung handelt, die die Frau dem männlichen Blick unterwirft. Dann bliebe zu klären, wieso die Influencerinnen ohne äußeren Zwang eine Selbstdarstellung wählen, die sie als ewiges Objekt des Mannes und als nicht autonom erscheinen lässt. Im Gegensatz zum männlich geprägten Kino inszenieren sich die Influencerinnen nun nämlich selbst. Allgemeiner formuliert, drängt sich daher die Frage auf: Wieso wirken Frauen überhaupt an ihrer eigenen Unterdrückung mit? Diesem Problem widmete sich die feministische Soziologin Frigga Haug in den achtziger Jahren, da sie überzeugt war, dass Frauen nicht nur als Opfer gesellschaftlicher Verhältnisse zu verstehen sind: »Jede Unterdrückung, die nicht mit äußerem Zwang arbeitet, muß mit der Zustimmung der Beteiligten arbeiten.«[8] Die von ihr ausgelöste Opfer-Täter-Debatte beschäftigte die Frauenbewegung und erzürnte Teile derselben, vor allem aber bot sie eine neue Grundlage für weibliche Emanzipation. Denn wenn die Tatsache, »daß wir selber die Herrschaft, derer wir uns entledigen wollen, auch in uns tragen«, einmal erkannt, die »eigene Teilhabe an Herrschaft und Unterdrückung« entschlüsselt war, war damit auch die Voraussetzung gegeben, »das andere Ufer, zu dem wir aufbrechen wollen«, zu erreichen.

Haugs Argumentation, dass Frauen auch Täterinnen sind, entwickelte sie anhand der Fragestellung, wieso viele Frauen trotz fortgeschrittener Verhütungsmethoden ihre Rolle als Mutter und Hausfrau nicht aufgaben und sich der Existenz für die Familie opferten. Diese Motivation, sich zu opfern, sah Haug besonders durch soziale Mechanismen geformt, die Widerspruch bestraften, Anpassung belohnten und damit die Entwicklung hemmten: »Durch verschiedene Mittel wie Bestechung, Umleitung, Verdrängung, Kompensation, gelingt es, daß sie [die Frauen] sich mit Stufen niedrigerer Handlungsfähigkeit bescheiden.«[9]

Die Anpassung junger Frauen an eine von Männern geprägte Ästhetik wird verständlich, wenn die Belohnungsmechanismen sozialer Netzwerke mitgedacht werden. Die Belohnung für ein normgerechtes Bild erfolgt unmittelbar, innerhalb von Sekunden werden Frauen von Likes und Herzen überströmt, wenn sie reproduzieren, was ihnen aus allen Filmen, Plakaten und Serien entgegenlacht. Die ewig gleichen Motive – verträumt lächelnde Frauen im Lavendelfeld, am Infinity Pool, unter Palmen am Strand – dominieren keineswegs nur das professionelle Instagram, unzählige junge Frauen eifern ihren Idolen nach und reinszenieren, was sie bei ihnen zu sehen bekommen.

Die erfolgreiche Influencerin, deren Alltag von einem Millionenpublikum verfolgt wird, spürt diesen Effekt vielfach stärker. Die Anerkennung, die ihr zuteilwird, aber auch die ökonomische Belohnung ist so groß, dass sich die patriarchalen Ketten – wenn es denn welche sind – zumindest wie vergoldet anfühlen müssen.

Umgekehrt ist klar, dass der Versuch, ein anderes Verständnis von Schönheit zu etablieren (oder gar, Kategorien wie Sexyness zu verwerfen), nicht ohne Konflikte vonstattengeht. Influencerinnen können nicht mit ihrer Rolle brechen, ohne Gefahr zu laufen, Follower zu verlieren – und damit einhergehend Werbepartner, Einkommensquellen etc. Die Handlungsfähigkeit der Influencerinnen ist damit eingeschränkt (was den meisten von ihnen dank der monetären Kompensation als verschmerzbar gelten wird).

Die Emanzipation der wenigen

Vielleicht verhält es sich jedoch auch anders. Was Frigga Haug vor Jahrzehnten über die Unterwerfung von Frauen schrieb, gilt zweifelsohne bis heute für viele von ihnen: »Frauen dürfen einige Berufe nicht ausüben. Sie werden ferngehalten vom öffentlichen Leben. Man erlaubt ihnen nicht, die Tempel der Macht zu betreten. In untergeordneten Hilfsberufen fristen sie ihr tägliches Leben.«[10]

In der Gegenwart wird Reproduktionsarbeit weiterhin vor allem von Frauen geleistet, deutlich häufiger als Männer sind sie ohne Entlohnung oder auch nur Anerkennung an die heimische Sphäre gebunden. Sie werden schlechter bezahlt, sind überdurchschnittlich häufig prekären Arbeitsverhältnissen unterworfen und tragen höhere Armutsrisiken, so dass für viele von ihnen die Trennung vom Mann gleichzeitig einen sozioökonomischen Statusverlust bedeutet. Die Stellung des *male breadwinners*, des männlichen Familienernährers, mag seit einigen Jahrzehnten im Schwinden begriffen sein, dennoch ist die Emanzipation bis zum heutigen Tage nur denjenigen Frauen möglich, die finanziell unabhängig oder materielle Einbußen hinzunehmen bereit sind.

Auf die Influencerinnen scheinen diese Kategorien jedoch nicht mehr anwendbar. Durch ihren finanziellen Erfolg sind sie auf keinen männlichen Ernährer mehr angewiesen, häufig ist sogar das genaue Gegenteil zu beobachten: Ihre Männer sind von ihrem Erfolg abhängig und ihnen untergeordnet. Selbst wenn sie versuchen, vom Erfolg ihrer Frauen zu profitieren und auch zu Influencern aufzusteigen, erlangen sie nicht dieselbe Aufmerksamkeit und bleiben in deren Schatten. Stattdessen sind sie zur Arbeit hinter der Kamera verdammt und dokumentieren das Leben ihrer Partnerinnen für die Community. Am Strand und auf der Straße, im Urlaub und beim Business-Meeting rennen sie ihren Frauen hinterher, um den perfekten Schnappschuss zu produzieren.

Diesem Phänomen widmen sich mittlerweile eigene

Instagram-Kanäle wie »boyfriends_of_insta«, auf denen gezeigt wird, wie die Partner von Influencerinnen diese fotografieren und sich dabei mitunter arg verrenken müssen: Für ein perfektes Bild legen sich Insta-Boyfriends mitten in der Innenstadt auf den Gehweg, für ein schönes Video umkurven sie auf Inline-Skatern ihr Modell. Auf einem Foto ist ein thailändischer Badestrand zu sehen, auf dem drei (!) Influencerinnen im Abstand von wenigen Metern sitzen. Zwei von ihnen kehren ihren Fotografen den Rücken zu (mutmaßlich, um die Followerschaft später mit einem nachdenklichen Blick in die Ferne zu »inspirieren«). Nicht nur die Netzunternehmerinnen bevölkern immer öfter Strandlandschaften, auch ihre Partner sind aus dieser Szenerie nicht mehr wegzudenken, selbst wenn sie auf Instagram beinahe nie zu sehen sind. Im Gegensatz zu den Gesichtern vor der Kamera sind sie jedoch ersetzbar, von eben diesen abhängig und ihnen untergeordnet.

In diesem Kontext ist zu fragen, ob der *male gaze* für die Influencerinnen überhaupt noch eine Ästhetik der Unterdrückung darstellt. Immerhin können sie sich durch die Adaptation an ihn stärker vom männlichen Ernährer emanzipieren, als es den meisten anderen Frauen durch noch so harte Arbeit jemals möglich sein wird. Die ursprünglich frauenfeindliche Bildsprache ist für sie zu einem Instrument der Befreiung geworden, was keineswegs bedeutet, dass der *male gaze* gemeinhin gebrochen wäre. Doch zumindest für die Influencerinnen scheint diese Beobachtung zuzutreffen, die für einen Großteil der (jungen) Frauen selbstverständlich nicht gilt. Für Letztere ist die Anpassung an die rigiden Schönheitsnormen nicht befreiend, sondern repressiv.

Die Influencerinnen sind nicht mehr bloße Schauobjekte männlicher Zuschauer, schließlich ist ein Großteil ihrer Followerschaft weiblich. Sie reproduzieren den *male gaze* nicht primär für Männer, die ihre Bilder betrachten könnten, sondern sie machen ihren Followerinnen vor, wie diese den männlichen Blick bestätigen sollen. Und allem Geraune von Female Empowerment zum Trotz: Der Erfolg der Influencerinnen hängt eben davon ab, dass ihre Followerinnen sich nicht emanzipieren. Denn nur dadurch können sie aus ihnen Profit schlagen, ihnen Kosmetikprodukte und Booty-Workouts verkaufen. Vielleicht muss ihr Auftreten im Netz neu verstanden werden: Nicht als Mitarbeit an der eigenen, sondern als eine gegen ihre Followerschaft gerichtete Unterdrückung. Nicht als Repression gegen sich selbst, sondern als eine gegen jene jungen Frauen, die nie in eine vergleichbare Machtposition gelangen werden. Es ist kein Wunder, dass viele Influencerinnen sich – wenn überhaupt – dann feministisch äußern, wenn sie über Probleme von Millionärinnen sprechen, etwa über die fehlende Frauenquote in Vorständen von Dax-Unternehmen. Ihr sonstiges Handeln ist antifeministisch, festigt bestehende Ungleichheiten und spottet jedem emanzipatorischen Anspruch. Die Followerschaft ist dabei im Regelfall so verblendet, dass sie mit den Influencerinnen sympathisiert: Ein Blick in die Kommentarspalte einer beliebigen Influencerin zeigt, welcher Druck auf jungen Frauen lastet, die spüren, dass sie der Normierung durch ihre Vorbilder nicht entkommen können – und ihnen voller Bewunderung verfallen, ja, ihnen zutiefst dankbar sind, wie diese Followerin eine Fitness-Influencerin wissen lässt: »Dank dir und deinen Workouts habe ich 10 kg in 11 Wochen abgenommen. Ich bin so dankbar für deine Workout-Pläne! Ich hätte nie gedacht, dass ich Spaß bei Workouts haben könnte und fünfmal die Woche trainieren würde!«

Die Influencerinnen gelangen zur Autonomie, indem sie diese ihren Followerinnen verweigern. Die Schminke, die Bikinis, die Sportprogramme oder gar die Diätkapseln, die Netzstars ihren Fans nahebringen, festigen Machtasymmetrien zwischen den Geschlechtern, wirken konservativ, wenn nicht gar reaktionär.

Das Fight-Club-Revival der Coaches

Selbst wenn die Influencer-Sphäre weiblich dominiert sein mag: Im Gegensatz zu früheren Zeiten sind heute nicht nur Frauen Schauobjekte. Männer werden im Netz ebenfalls zunehmend auf ihren Körper reduziert. Diese Sexualisierung des Mannes war für die feministische Theorie vor einigen Jahrzehnten nicht abzusehen: »Entsprechend den Prinzipien der herrschenden Ideologie und den sie fundierenden psychischen Strukturen kann der Mann nicht zum Sexualobjekt gemacht werden. Der Mann weigert sich, den Blick auf sein sich exhibitionierendes Ähnliches zu richten«, schrieb Laura Mulvey.[11] Doch diese Ansicht ist überholt: Nicht nur, dass mittlerweile viele (heterosexuelle) Männer den Blick auf ihresgleichen wagen, auch Frauen haben eine Skopophilie, also eine Lust am Schauen, entwickelt. Diese Veränderung in der öffentlichen Wahrnehmung männlicher Körper ist älter als die Influencer und wurde Ende der nuller Jahre durch kreischende Frauenscharen auf *Twilight*-Filmpremieren besonders sichtbar. Die Vampirfilmreihe war auf die Schaulust eines weiblichen Publikums zugeschnitten, das Robert Pattinson und Taylor Lautner anhimmelte, deren Körper ungleich lustvoller inszeniert waren als jener der Hauptdarstellerin Kristen Stewart. Und schon lange vor den Vampir-Blockbustern waren

Sportler wie David Beckham und Cristiano Ronaldo für die Werbeindustrie als Sexsymbole interessant geworden. Auf die Spitze getrieben wurde diese Tendenz dennoch erst in den letzten Jahren durch von Männern in den sozialen Medien geteilte Bilder und Videos. Besonders auffällig schälen sich dabei zwei Extreme heraus: Erstens eine (eher selten auftretende) Metrosexualität, deren Vertreter keinen Wert auf eine vehemente Abgrenzung zum weiblichen Geschlecht legen. Die Sexualisierung ihrer Körper ist eine uneindeutige insofern, als diese Männer einst feminin konnotierte Schönheitspraktiken übernehmen. Zwar tragen sie selten Kleider (oder andere Mode, die als typisch weiblich gilt), dafür legen sie umso mehr Wert auf einen gepflegten Körper – auf glatte Haut, einen akkurat gestutzten Bart und schöne Frisuren. Sie benutzen Kosmetikprodukte, die bis vor wenigen Jahren noch Frauen vorbehalten waren, und drehen sich Lockenwickler in die Haare. Auch wenn sie nicht unbedingt weniger oberflächlich als ihre Kollegen sind, lässt sich diesen Influencern eine gewisse Progressivität nicht absprechen, und häufig sind sie es, die für Akzeptanz und Vielfalt werben.

Das zweite und konträre Extrem ist hingegen eine radikalisierte, fast schon archaische Männlichkeit, die eine gewaltsame Antwort auf den schleichenden Verlust der Rolle des Alleinernährers darzustellen scheint. Gestählte Muskeln, finstere Blicke und eine klare Abgrenzung zu allem Weiblichen sind kennzeichnend für diese Selbstdarstellung. Zwar sind auch diese Influencer sexualisiert, doch ihre Fitness dient vor allem dazu, sie über das »schwächere Geschlecht« zu erheben. Wenn es zuvor hieß, dass die Influencerinnen ihre Followerschaft lehren, wie sie sich dem männlichen Blick zu unterwerfen haben, so erklären diese Influencer jungen Männern im Gegenzug, wie sie sich die Frauen untertan machen.

Der Prototyp dieser Form von Männlichkeit ist der Motivationscoach, der junge Männer im Netz zu Härte, kapitalistischen Tugenden und Frauenverachtung erzieht. Mittlerweile gibt es eine ganze Coaching-Szene, die landauf, landab das richtige »Mindset« predigt, um erfolglosen Männern den Weg zu Reichtum und schönen Frauen zu ebnen. Das Business-Modell dieser Gurus ist oft sektenartig, regelmäßig finden Motivationsworkshops mit Speakern aus der Szene statt, die beinahe wie Gottesdienste wirken. Mit manipulativen Reden werden die Zuschauermassen angepeitscht, vorgeblich, um die Kontrolle über ihr Leben zu gewinnen. In Wahrheit wollen die Coaches vor allem dafür sorgen, dass ebendas nicht passiert, stattdessen sollen ihre Anhänger immer neue Kurse buchen (ob im Netz oder im echten Leben, ist dabei einerlei), bei denen vor allem Verachtung gegenüber denjenigen geschürt wird, die nicht »das Zeug« zum Entrepreneur haben. »Raus aus dem Hamsterrad!«, schreien Motivationscoaches ihren Lehrlingen zu, womit gemeint ist, dass sie nicht mehr Knechte der Lohnarbeit sein sollen. Doch was zuerst nach einer progressiven Losung klingt, entpuppt sich als deren Gegenteil: Denn es wird nicht das System der Lohnarbeit als solches infrage gestellt, stattdessen werden mehr oder minder dubiose Geschäfte angeraten, um die »finanzielle Unabhängigkeit« zu erreichen und den Einzelnen von der Bürde des Erwerbslebens zu befreien. Der einfache »Pöbel« soll weiterhin arbeiten, während die Coaches und ihre Anhänger sich im wortwörtlichen Sinne a-sozial abzukapseln versuchen. Anstatt das Hamsterrad zu sprengen, sollen nur einige wenige es verlassen, die Emanzipation aller ist nicht erwünscht. Wie in *Fight*

Club soll der Ausbruch aus der Lohnarbeit nur dadurch möglich werden, dass die Gecoachten ihr eigenes Unternehmen gründen: Während Tyler Durden und seine radikal-maskulinen Anhänger Seife verkauften, drängen die Coaches ihre Schützlinge nun dazu, mit Immobilien reich zu werden oder Webshops zu eröffnen, um dort Waren überteuert zu vertreiben. Dass die leichtgläubigen Anhänger damit selten reich werden, stellt in der verqueren Logik der Coaches kein Problem dar: Denn dann lässt sich das Scheitern der Lehrlinge auf ihr ungenügendes »Mindset« schieben. In Wahrheit klingeln nur die Kassen der Bauernfänger, die immer wieder für Negativschlagzeilen sorgen. So werden in einer investigativen Recherche die von Verschwörungswahn und Demagogie nur so triefenden Aussagen eines bekannten Deutsch-Rappers und Coaches zitiert:

> Der Satan will uns in den Abgrund stürzen. [...] Das ist das klassische Pyramidensystem. Wir sind irgendwo ganz unten. Über uns sind unsere Firmenchefs, darüber sind die Corporate Guys, dann sind irgendwo die Banken, darüber sind die Bilderberger, darüber sind die Leute, die die Weltpolitik machen. Und ganz oben an der Spitze sind ein paar Leute, die kommunizieren wirklich mit dem Satan selbst und kriegen die Instruktionen von ihm. Der Satan ist ein physisches Wesen.[12]

Auch sonst strotzen die Weltbilder der Manipulateure nur so vor Verachtung, besonders für Frauen. Im Oktober 2020 sorgte das Video eines Coaches für Aufsehen, der innerhalb weniger Jahre eine Traumkarriere hingelegt hat: Nach dem Start als veganer Fitness-Youtuber wurde er erst Influencer, bevor er dann eigene Unternehmen gründete und zum selbstständigen Coach avancierte. In einem veröffentlichten Gespräch mit seinem Geschäftspartner fragte er diesen, welche der folgenden zwei Optionen ihm besser gefiele:

Was würdest du lieber machen? Du darfst – Option A –, du darfst drei Tage verbringen im Jahr mit deinen drei Lieblings-CEOs. [...] Oder du darfst ein Jahr lang dir fünf von den allerheftigsten Bräuten, die du am besten findest, Topmodels, Victoria's Secret, alles, aussuchen, und die wären dein Sklave, ein Jahr lang. Was würdest du nehmen? Option 1 oder Option 2?

Die Antwort des Geschäftspartners:

Ganz klar, das Erste! Hundertpro, weil dann hole ich mir das Wissen, das Netzwerk, die Kontakte, um Geld zu verdienen, und dann kann ich mir halt diese fünf Bräute halt, also das klingt hart, aber dann kann ich mir die kaufen.

Auch wenn die Coaches ihre Misogynie selten derart offen zeigen: Ein kritischer Blick auf die Szene fördert schnell zutage, dass dieses »Mindset« dominant ist. Verherrlicht wird ein Männlichkeitsideal, das als »hegemonial« (Raewyn Connell) beschrieben werden kann und das nicht nur Frauen, sondern auch Männer verächtlich macht, die die geforderte Härte nicht mitbringen. Es ist den Anhängern dieser Szene zu wünschen, dass sie tatsächlich den Weg aus dem Hamsterrad finden – jedoch nicht nur aus dem der Erwerbsarbeit, sondern vor allem aus demjenigen, das die Coaches aufgebaut haben, um an ihnen zu verdienen. Nicht nur die Influencerinnen wirken in reaktionärer Weise auf ihre Community ein, einige der männlichen Werbegesichter tun dies in weitaus schlimmerer Form.

Die Rückkehr der Kinderarbeit

Zu den zahlreichen Besonderheiten des Influencer-Berufs gehört, dass Nachwuchs im Arbeitsalltag kein Hindernis darstellt. Tatsächlich ist das Gegenteil der Fall:

Die für viele Menschen alltägliche Frage »Kinder oder Karriere?« scheint den Influencern lachhaft, erweist sich Familienglück für sie doch sogar vielfach als förderlich. Nicht nur, dass ein Kind sie sympathisch und liebevoll erscheinen lässt, nein, der Nachwuchs ist der letzte Baustein, um den Werbealltag zu komplettieren. Schon die neun Monate vor der Entbindung können auf allen Kanälen ausgeschlachtet werden, um an baldigen Müttern mit Schwangerschaftsmode und Ratgebern zu verdienen.

Und auch sonst gibt es für werdende Influencer-Eltern zahlreiche »kreative« Trends, wie zum Beispiel »Gender Reveal Partys«,[13] bei denen das Geschlecht des zukünftigen Kindes verraten wird. Dabei können Kuchen angeschnitten werden, die innen blau oder rosa gefärbt sind, um die Frage »Boy or girl?« visuell zu beantworten. Ähnlich populär sind mit Konfetti gefüllte Luftballons, die zu selbigem Zweck zum Platzen gebracht werden. Der 2008 erfundene Trend ist heute nicht nur aufgrund seines Konservatismus in der Kritik – seine Erfinderin bereut ihre Schöpfung mittlerweile öffentlich[14] –, nein, er treibt auch außerhalb der Influencer-Sphäre absurde (und mitunter tödliche) Blüten. Internationale mediale Aufmerksamkeit erregte eine Feier in Arizona, bei der zur Bekanntgabe des Geschlechts auf einen mit blauer Farbe und Sprengstoff gefüllten Behälter geschossen wurde. Das Ergebnis: »Ein Junge!« – sowie ein 180 Quadratkilometer großer Waldbrand, der erst durch 800 Feuerwehrleute gelöscht werden konnte.[15] Bei einem ähnlichen Unfall wurde eine »soon-to-be-grandmother« in Iowa durch herumfliegende Metallteile einer Gender-Reveal-Apparatur tödlich verletzt.[16]

Vorausgesetzt, dass die Schwangerschaft ohne derartige Unannehmlichkeiten verläuft, kennt die anzupreisende Produktpalette aus Tragesystemen, Kinderbettchen, Babykleidung und Spielzeug spätestens nach der Geburt keine Grenzen mehr, und mit zunehmendem Alter des Kindes können die glücklichen Eltern statt Windeln einfach Schulranzen und Stifte bewerben.

Häufig gehen die Influencer allerdings noch weiter, schon bald fungieren die Kinder nicht mehr nur als Nebendarsteller auf dem Kanal der Eltern, sondern bekommen eine Hauptrolle: Oft erhalten sie schon im Kindesalter eigene Social-Media-Kanäle, von denen beide Generationen gleichermaßen profitieren: Die Eltern steigern ihre Reichweite durch einen zusätzlichen Channel, und für die Kinder wird ihr Account zur Goldgrube, wenn sie eines Tages alt genug sind, ihn selbst zu verwalten. Während Eltern ihren Kindern einst ein Sparbuch anlegten, kann heutzutage ein rechtzeitig angelegter Social-Media-Account eine ungleich größere Wirkung entfalten.

So hat der Sohn einer deutschen Mommy-Influencerin schon mit zehn Jahren mehr als 200000 Youtube-Abonnenten (die vor allem im Kindesalter sein dürften) – vergleichsweise wenig, englischsprachige Kids-Influencer haben zum Teil drei Millionen und mehr Follower. Die Videos des deutschen Junior-Stars, die in der Kids-Sektion erscheinen, stehen denen der meisten erwachsenen Influencer in puncto Banalität in nichts nach und lassen den spätkapitalistischen Zeitgeist in kindgerechter Form sichtbar werden. In einem Clip probiert der Junge aus, ob er einen Tag lang von einem Euro leben kann – oder tut zumindest so. Erinnerungen an Thilo Sarrazin werden bei der Betrachtung wach, der einst ALG-II-Empfängern vorrechnete, wie sie sich mit 3,76 Euro am Tag gesund ernähren könnten – was natürlich ein Leichtes darstellt, wenn nach ein paar Testtagen wieder luxuriös im Restaurant gespeist wird. In ähnlich krummer Manier inszeniert auch der Mini-Influencer seinen Alltag mit nur einem einzigen Euro und tut so, als würde er den ganzen Tag lang nichts essen, um dann für 99 Cent eine Packung mit vier Papiertröten zu kaufen – aus solcher Unterhaltung lacht vor allem der blanke Hohn. Ansonsten werden die konsumistischen Challenges der erwachsenen Influencer einfach noch einmal für das jüngere Publikum aufgewärmt, »Nur gelbes Essen«, »Ich ZERSTÖRE das MACBOOK von meinem Zwilling« und »24 h auf dem Quad« sind nur einige der Titel, die die inspirierenden Videos tragen.

Ihnen ist bereits anzumerken, welche zukünftigen Werbekooperationen der Junior-Youtuber und seine Eltern mutmaßlich vorbereiten: Immer wieder wird bei denselben Fast-Food-Restaurants gegessen, kaum ein Video vergeht, in dem keine Markenprodukte in die Kamera gehalten werden. Die Eltern treten dabei selten vor der Kamera auf, lieber bleiben sie beim Dreh des Kinderprogramms im Hintergrund. So entsteht der Eindruck, die Kinder würden ihren »Content« selbst produzieren, obwohl es ihre Vormunde sind, die filmen, schneiden und die Accounts verwalten.

Doch nicht immer sind die Eltern der kleinen Netzstars selbst Influencer. Einige Kinder schaffen es auch ohne prominente Erziehungsberechtigte, ein großes Publikum zu erreichen. In einer Reportage der Wirtschaftszeitschrift *Brand eins* wird eine Grundschülerin porträtiert, die mit ihren Youtube-Videos die gesamte Familie ernährt. Beide Eltern haben ihre Arbeitsstellen aufgegeben, um sich der Arbeit am Kind zu widmen. »Man darf bei der ganzen Geschichte nicht immer die Nachteile für die Kinder sehen«, wiegelt der Vater die Kritik an diesem Geschäftsmodell ab:

Es bietet auch enorm viele Vorteile: Wir, meine Frau und ich, sind beide immer da. Welche Eltern können das ihren Kindern bieten? Das ist unbezahlbar. Wir haben viel Zeit fürs Spielen, für Reisen, wir sind frei in der Urlaubsplanung, und wir haben jetzt die finanziellen Mittel, die wir vorher nicht hatten.[17]

Nicht ganz so entspannt sehen das jedoch Kinderschutzorganisationen wie das Deutsche Kinderhilfswerk, das ein eigenes Dossier zu jungen Influencern veröffentlicht hat. In einem der dort versammelten Beiträge heißt es:

Ohne Zweifel lässt sich quer durch verschiedenste Kanäle der Kinder-YouTube-Stars von gravierenden Eingriffen in ihre Privat- bis hin zur Intimsphäre sprechen. Eine Unterscheidung zwischen privaten und öffentlichen Momenten scheint ebenso wenig zu existieren wie die zwischen öffentlichen und privaten Räumen. Auch eigentlich private Rückzugsorte der Kinder – wie z. B. ihr Kinderzimmer – werden zu Räumen, die Millionen von Menschen kennen.[18]

Eine vielleicht noch größere Gefahr liegt freilich darin, dass von staatlicher Seite aus kaum kontrolliert werden kann, wie viel Zeit die Nachwuchsstars wirklich in ihre Onlineauftritte investieren. Eine neue Form der Kinderarbeit ist im Entstehen, die kaum überwacht wird und die rechtlich schwer einzuhegen ist. Doch genau das könnte bitter nötig sein, wie die Interviewaussage eines zwölfjährigen Youtube-Stars belegt: »Am Wochenende ist halt irgendwie die einzige Zeit, wo ich mich mit Freunden treffen kann und so. Und wenn [sie] mich fragen: ›Hey, Ilia, hast Du heute Zeit‹, dann muss ich leider meistens immer absagen, weil Samstag ist Drehtag«, erzählt sie einem Reporter.[19] Zwar ist anzunehmen, dass die Kinder Spaß an ihrer Arbeit haben. Sie dürfen Spielzeug kaufen und ausprobieren, sie erhalten mediale Aufmerksamkeit, die derart jungen Menschen selten zuteilwird. Doch gerade deshalb dürfte es ihnen schwerfallen, eine

Grenze zu ziehen – diese Aufgabe können nur Eltern übernehmen. Wenn diese von ihrem Nachwuchs finanziell abhängig sind, ist es schwer, eine solche Verantwortung zu zeigen, noch dazu, wenn beide Seiten an der Videoproduktion Spaß haben.

Die betroffenen Kinder bräuchten daher dringend Schutz vor ihren eigenen Eltern. Anstatt spielerisch und frei die Welt selbst zu entdecken, lernen die Mini-Influencer diese nur als Warenwelt kennen, die sie anderen hoch professionell und werbewirksam präsentieren. Ihr Weltverhältnis ist ein verstümmeltes.

7. »Schreibt es in die Kommis!«

Nicht von oben herab soll man mit Kindern sprechen, weiß der Influencer, der sich auf die Augenhöhe seiner eigentlich erwachsenen Zuschauer begibt. In dem Video sitzt er vor seinem Bett, blickt direkt in die Kamera und empfiehlt seinem Youtube-Publikum Produkte. Nicht irgendwelche, sondern Dinge, wie der Influencer sagt, »die ich nicht missen will«. Zu vielen Dingen gibt es Affiliate-Links, manche Produkt-Platzierungen beruhen auf einem Werbedeal, etwa bei der praktischen portablen Festplatte. Und weil das Video mehr als ein Werbespot sein soll, werden die Zuschauer aufgefordert, in den Kommentaren zu erzählen, welche Momente sie darauf speichern würden. »Ich mache Empfehlungen für Euch, aber ich will natürlich auch Empfehlungen von Freunden zurück.« Ein Geben und Nehmen, sozusagen, auch wenn der dreißigjährige Mann mit trainiertem Body und üppig aufgetragenem Concealer im Gesicht dazu aufruft, seine Instagram-Seite zu abonnieren: »Folgt mir und schickt mir eine Direct-Message, damit ich Eure Profile auschecken kann. Ich mach das voll gerne.« Er lese die Nachrichten, verspricht er, oder likt die Fotos – »einfach um Euch was Kleines zurückzugeben«, nicht zuletzt, »um ein Gesicht für meine Followerschaft zu bekommen«.

Der Youtube-Star lebt jedoch auf einem anderen Stern: in Dubai. 715 Profile hat er auf Instagram abonniert, während ihm dort 1,4 Millionen Menschen folgen. Selbst wenn er sich noch so sehr bemühte, niemals könnte er die Persönlichkeiten, zu denen seine Follower sich entwickeln sollen, erkennen, nur noch die Statistik kann das Reich seiner Followerschaft wiedergeben. Wie Bittschriften an den König im fernen Palast erreichen den Influencer die Kommentare.

※※※

Nicht onanieren, um mehr Energie für den Job zu haben, täglich trainieren, um mehr Testosteron auszuschütten, nicht lockerlassen, um neue Kunden zu akquirieren – ja, auch das gehört zur Welt der Influencer. Doch neben den im Prediger- oder Agitatorenton sprechenden, überwiegend männlichen Coaches, die »klare Ansagen« machen, dominieren Influencer, die das Gegenteil zu tun scheinen. Sie gebärden sich offen und am Dialog interessiert. Wie Kleinkinder, die sich über Geschenke freuen, erzählen sie von den alltäglichen Wundern des Konsums. Große Augen machen sie dabei, sie staunen ob der pompösen Hotelanlagen auf Hawaii ebenso wie beim Anblick von nach Erdbeeren duftenden Flüssigseifen. Der Markt der Möglichkeiten bietet unentwegt neue Überraschungen, die mit der Community »geteilt« werden wollen. Dabei ist die Rede vom »Teilen« zutiefst verlogen, denn wer im Netz etwas »sharen« will, muss nie etwas abgeben. Das geteilte Foto oder Video kostet nichts: Wir befinden uns im Netz in einer, wie Jeremy Rifkin es nennt, »Null-Grenzkosten-Gesellschaft«. Abgesehen vom ökonomischen Kalkül, das beim Influencertum stets die Hauptmotivation ist, meint das Teilen von Onlinecontent nur Vervielfältigung.

Wenn jedoch in der analogen Welt ein Kind einem anderen von seinen Süßigkeiten etwas abgibt oder Sankt Martin den Mantel teilt, verändern sich die Eigentumsverhältnisse. Auch die geteilte Zeit, die ein Engagierter Bedürftigen widmet, ist eine Form der Umverteilung, bei der man etwas abgibt, pathetischer gesagt: opfert. Im Netz aber gibt es zum einen unteilbare Urheberrechte, zum anderen werden die Erfahrungen und Fotos durch die Posts nicht geteilt, sondern lediglich für ein Publikum verbreitet, das zwar keine Eintrittskarte lösen muss, aber dadurch bezahlt, dass es sich unaufhörlich Werbung ausliefert und letztlich deren Botschaft Folge leistet. Niemals würde ein Supermarkt werben: »Diese Joghurts möchten wir mit Ihnen teilen«, da die Kunden daraus schließen würden, sie könnten sich den Einkaufskorb gratis füllen. Hingegen behaupten Influencer unverhohlen, sie wollten mit ihrer Community Beauty-Produkte »sharen«, um dann auf den Onlineshop zu verlinken, in dem es nichts geschenkt gibt. Übel aber nimmt dies den Influencern niemand, suggerieren sie doch erfolgreich Nähe und Freundschaft statt Profitinteressen, weshalb die Ansprache selten wie die eines Verkäufers klingt.

Der Teufel steckt hierbei in einem wiederkehrenden Detail: »Letztlich kann das natürlich jeder für sich selber entscheiden!« Dieser Satz markiert das Ende von Myriaden von Insta-Storys und Youtube-Videos. Wann immer Influencer erzählen, ob sie eine Haarkur einer Spülung vorziehen, ob sie sich intim lieber rasieren oder waxen, ob sie vorzugsweise im Hotelpool oder im Meer schwimmen, dass sie beim Sport immer, beim Schlafen nie einen BH tragen, kommt zum Schluss der obligate Hinweis, dass dies jeder auch anders sehen und für sich entscheiden kann. Man gibt sich undogmatisch, indem man eine Selbstverständlichkeit betont, schließlich können Influencer keine verbindlichen BH- oder Haarpflegegesetze erlassen. Doch in der Formulierung steckt ein ideologischer Kern des Influencer-Wesens, der dogmatischer ist, als man verlauten lässt, vielmehr soll der eigene Dogmatismus verschleiert und den Followern, die gern Folge leisten, eine pseudodemokratische Wahlfreiheit präsentiert werden.

Die neuen Autoritäten

Traditionelle Autoritäten – der Staat, die Kirche, die Familie – haben in den vergangenen Jahrzehnten erheblich an Einfluss verloren. Wer zu lieben, wo zu wohnen, wie zu leben ist, möchte jeder individuell für sich ausmachen. Im modernen Kapitalismus differenzieren sich die Lebensstile aus, das Allgemeine muss dem Besonderen weichen, nicht in einer Gemeinschaft, sondern in einer »Gesellschaft der Singularitäten«[1] leben wir. Diese Entwurzelung ist zweifellos ein zivilisatorischer Fortschritt, insofern das Subjekt sich aus repressiven Bindungen lösen, sich selbst entwerfen und verwirklichen kann. Das moderne Subjekt, sofern es kein Kapital besitzt, um für sich arbeiten zu lassen, ist zugleich das von Marx als »doppelt freier Lohnarbeiter« beschriebene – frei darin, die Arbeitskraft sowohl verkaufen zu können als auch zu müssen. Der Selbstverwirklichung sind dadurch ökonomische Grenzen gesetzt, wenngleich sich eine Identität zu erwerben – durch entsprechende Produkte, Trainings- und Körpermodifikationen – erst durch Geld möglich wird. Monetär waren die traditionellen Autoritäten eher unbestechlich. Zwar spielten das Erbe, die Aussteuer oder der Ablasshandel eine gewisse Rolle, doch war mit Geld nur in geringem Maße Freiheit zu erkaufen; ohne Gehorsam gegenüber der bürgerlichen Moral und den »ideologischen Staatsapparaten« (Louis Althusser) ging es nicht. Vielleicht verschaffte einem der Reichtum ein bestimmtes Maß an Unabhängigkeit, allein schon durch die Möglichkeit, vom Bürgertum als Laster angesehene Vorlieben klandestin auszuleben. Die Freiheit dieses Selbstentwurfs hatte allerdings klare Grenzen, wie sich stets zeigte, wenn die jeweilige Libertinage öffentlich und hiernach skandalisiert wurde.

Erst im Zuge der gesellschaftlichen Umwälzungen der sechziger Jahre, die politisch angestoßen und erkämpft wurden und nicht allein, wie Wirtschaftsliberale häufig behaupten, evolutionär aus dem Kapitalismus entstanden sind, ändert sich dies dramatisch – was Peter Sloterdijk später in dem Bonmot »Alle Wege von 68 führen letzten Endes in den Supermarkt« zusammenfassen sollte.[2] Die Angebotsvielfalt zeigte sich nun auch in den Lebensstilen, die wiederum mit entsprechenden Waren ausgelebt und demonstriert werden konnten. Inwiefern das insbesondere für den Influencer-Körper gilt, haben wir bereits gesehen. Fest steht außerdem, dass das rasante Wachstum der Optionsmöglichkeiten seine Tücken hat. In der Darstellung einer Gesellschaft als grenzenlose erkennt Renata Salecl jedenfalls das Dilemma unserer Zeit:

> Fjodor Dostojewski schrieb, wenn es keinen Gott gebe, dann sei alles erlaubt, der französische Psychoanalytiker Jacques Lacan reversierte das zu: Wenn Gott nicht existiert, ist nichts mehr erlaubt. Soll heißen, dass der Verlust des Glaubens an eine Autorität, die uns Handlungen verbieten kann, nicht der Freiheit Tür und Tor öffnet, sondern für die Erschaffung neuer Grenzen sorgt.[3]

Auftritt: die Influencer. Der Wunsch nach Orientierung in der neuen Unübersichtlichkeit des Individualismus ist groß, weshalb die Werbekörper als moderne Autoritäten in der »transzendentalen Obdachlosigkeit« (Georg Lukács) eine Marktlücke erkannt haben. Der User klickt die digitalen Autoritäten selbst aktiv an, »lässt ein Abo da«, auch um sich von der Last der vermeintlichen Freiheit zu befreien:

> Die unbegrenzten Wahlmöglichkeiten, die uns angeblich zur Gestaltung des eigenen Lebens zur Verfügung stehen, haben sich in neue Verbote verwandelt, nur dass uns diese Grenzen heutzutage von keiner äußeren Autorität wie zum Beispiel den Eltern oder Lehrern gesetzt

werden. Heute erlegen wir uns diese Verbote selbst auf, derweil eine riesige Beratungs- und Selbsthilfeindustrie es uns ermöglicht, unter anderen Autoritäten freiwillig diejenigen zu wählen, an die wir das Recht delegieren wollen, unsere Wahlmöglichkeiten zu begrenzen.[4]

Die Influencer fungieren als Rollenvorbilder, die freundschaftlich Ratschläge zur richtigen Lebensführung bereithalten, stets schwingt dabei das Versprechen mit, jeder Follower könne so werden wie das Idol. Mit Freiheit aber hat die ständig vorgetäuschte Entscheidungsmöglichkeit nur wenig zu tun, da sie bereits in einem vorgefertigten Rahmen stattfindet, der geformt ist aus Profitinteressen der Werbeindustrie sowie den Algorithmen der Plattformen. Der Weg des Followers auf die Profile der Influencer ist vielmals weniger ein frei gewählter als ein bewusst gelenkter: Influencer-Agenturen fungieren wie Kartelle, die ihren Klienten durch Kooperationen, Verlinkungen etc. die Follower zuspielen.

Indem die Influencer unterstellen, letztlich könne jeder selbst entscheiden, und indem sie zusätzlich laufend die Follower abstimmen lassen, was sie besser finden – Spülung oder Kur?, Frühling oder Sommer? –, schaffen sie ein pseudodemokratisches Regime, das zwar permanent zur Wahl aufruft, radikale Entscheidungen jedoch nicht zulässt. Das gegenwärtige Phänomen dauernder Abstimmungen oder an uns delegierter Entscheidungen, wobei die Influencer, so insinuieren sie unterschwellig doch, die goldrichtige Wahl bereits getroffen haben, hat Slavoj Žižek anhand von Fahrstühlen exemplifiziert und als dominante Ideologie unserer Zeit herausgearbeitet:

Es ist allgemein bekannt, dass der Knopf »Türe schließen« in den meisten Aufzügen ein total funktionsloses Placebo ist und nur dazu dient, den Individuen das Gefühl zu vermitteln, sie könnten irgendwie zur

Geschwindigkeit des Aufzugs beitragen. Wenn wir diesen Knopf drücken, schließt sich die Tür genauso schnell, als wenn wir nur den Etagenknopf drücken […]. Dieser extreme Fall einer vorgetäuschten Mitbestimmung ist eine passende Metapher für die Mitbestimmung der Individuen in unserem »postmodernen« politischen Prozess.[5]

Ähnliches diagnostiziert auch Diedrich Diederichsen, wenn er als Update von Guy Debords Gesellschaftskritik anmerkt: »Partizipation ist das Spektakel.«[6] Es ist daher nicht verwunderlich, dass die Politik inzwischen ein hohes Interesse daran hat, mit den Influencern zu kooperieren, und diese dem Wunsch gern nachkommen. So riefen sie im Europawahlkampf 2019 mit vom Steuerzahler finanzierten Posts und Videos zum Urnengang auf. Implizit ist dabei stets die Hoffnung, dass sich nichts wirklich fundamental verändern möge – weshalb die Nicht-Wahl, eine Absage an das Mitmach-Theater, Bartlebys »I would prefer not to«, als eigentliche Gefahr angesehen wird. Wie sich ohnehin verdächtig macht, wer nicht in den sozialen Medien zu Hause ist (in den USA gab es vor einigen Jahren nach dem Amoklauf eines Jugendlichen, der kein Facebook-Profil hatte, sogar den Vorschlag, dass man junge Menschen gesetzlich zwingen sollte, sich ein solches zuzulegen, um dadurch Soziabilität einzuüben[7]). Freilich darf das Bekenntnis zu Europa nicht nur mit dem Ausfüllen des Stimmzettels abgelegt werden, es will darüber hinaus zur Schau getragen sein, weshalb Influencer selbst designte EU-Pullis in ihren Shops anbieten. Die »marktkonforme Demokratie« trägt blaue Hoodies, mit denen die am Smartphone oder Laptop einsam Shoppenden sich für 39,90 Euro vestimentäre Zugehörigkeit kaufen können. Das Bekenntnis zu etwas war schon vor der Influencer-Ära eng mit dem Kaufakt verknüpft, äußerte sich der durch das deutsche WM-»Sommermärchen« ausgelöste

»unverkrampfte Patriotismus«, der möglicherweise dem baldigen Rechtsruck mit den Weg bereitete, vorrangig darin, Fähnchen, Mützen und Bierhalterungen in Schwarz-Rot-Gold zu erwerben.

Die Interaktions- und Aufmerksamkeitsökonomie

Die Aufforderung, sich zu beteiligen, hat in der Influencer-Welt zudem nicht nur die Komponente, durch Pseudopartizipation den Status quo unangetastet zu lassen, zusätzlich ist jeder Klick ökonomisch von Nutzen, da die Algorithmen Interaktionen positiv werten, folglich das Video oder den Post höher ranken und damit wiederum für noch mehr Klicks und Abonnenten sorgen.

Den Preis für eine Influencer-Werbung bestimmt die Interaktion der Follower erheblich mit. Die vermeintlich undogmatischen Influencer immunisieren sich durch die Abstimmungs- und Entscheidungsplacebos überdies gegen den Vorwurf, den eigenen Lebensstil verabsolutieren zu wollen. Das treibt mitunter kuriose Blüten. Besonders auf Ernährung und Fitness bedachte Influencer, die täglich ihre Sexyness und Perfektion zur Schau stellen, tun immer wieder so, als hätte dies keine Vorbildfunktion und sei lediglich Ausdruck ihrer persönlichen Individualität, die nicht der eines anderen entsprechen müsse. Die Sackgasse, in die eine solche Argumentation führt, wird dabei ausgeblendet: Wenn alles so subjektivistisch ist, warum hat dann ein Influencer überhaupt Follower? Weshalb lädt dann jeder Post zur Idolatrie, also zur Bilderverehrung ein? Oftmals klingt das Mantra »Das muss aber jeder für sich selber entscheiden« eher wie die autoritäre Drohung sich antiautoritär gebender Eltern, die das Kind nicht zum Besuch der Großmutter zwingen wollen, sondern die Entscheidung mit den Worten »Das musst du selber wissen« angeblich seinem Belieben anheimstellen. Ohnehin ist es durch die Umsatzbeteiligungen, die Influencer bei Werbungen mit Aktionscodes erhalten, keineswegs egal, wie sich die Follower entscheiden. Mit der angesprochenen Wahlfreiheit erhalten diese immerhin das Gefühl, sie hätten auch anders gekonnt. »Es geht auch anders, doch so geht es auch«, könnten die Influencer singen, würden sie Bertolt Brechts »Zuhälterballade« kennen.[8]

Die 2020 erschienene Seite Nindo treibt die algorithmische und aufmerksamkeitsökonomische Logik auf die Spitze, indem sie einen sofortigen Überblick über sämtliche Klickzahlen deutschsprachiger Influencer (sowie anderer reichweitenstarker Personen) auf allen relevanten Plattformen (Instagram, Youtube, Twitter, Tiktok und Twitch) bietet und einen Vergleich ermöglicht. Ausgewertet und mit Chartplatzierungen versehen werden nicht allein die Abonnenten-Zuwächse, die Seite misst auch, wie viele Likes ein Influencer in den vergangenen Tagen erhalten hat, welches Video oder welcher Post viral ging, zusätzlich wird angegeben, wie hoch der Prozentsatz etwa der Youtube-Zuschauer ist, die mit dem Inhalt interagiert haben. Zudem sind die aktuellen Influencer-Aktionscodes aufgelistet, mit denen man in den entsprechenden Onlineshops Rabatte auf einzelne Produkte erhält. Nindo richtet sich neben den Influencern, die zu einem noch härteren Konkurrenzkampf angestiftet werden, und deren Followern, die auf den radikalisierten Wettbewerb wie auf Sporttabellen starren sollen, an Firmen, die nun genauer überlegen können, in welchen Influencer sie ihr Werbebudget idealerweise investieren. Kurzum: Sie erfahren nun detailliert und auf einen Blick, welcher Mensch was wert ist.

Es zählt die Quote. Diese ist jedoch anders als beim Fernsehen nicht mehr nur eine Einschaltquote, als ebenso wichtig erweist sich die Interaktionsrate, das heißt, mit wie vielen Kommentaren, Herzchen oder Shares das Publikum reagiert hat. Pierre Bourdieus Kritik am Fernsehen trifft auf die vermeintlich sozialen Medien gleichermaßen zu:

Die Einschaltquote ist die Sanktion des Marktes, der Wirtschaft [...], und die Unterwerfung unter die Anforderungen dieses Marketinginstruments ist im Bereich der Kultur genau dasselbe wie die von Meinungsumfragen geleitete Demagogie in der Politik. Das unter der Herrschaft der Einschaltquote stehende Fernsehen trägt dazu bei, den als frei und aufgeklärt unterstellten Konsumenten Marktzwängen auszusetzen, die anders als zynische Demagogen glauben machen wollen, mit dem demokratischen Ausdruck einer aufgeklärten, vernünftigen öffentlichen Meinung [...] nichts zu tun haben.[9]

Wie Fernsehmacher mit dem Verweis auf die Quote jede noch so barbarische Programmentscheidung rechtfertigen, führen auch die Influencer ihren Erfolg, vor allem aber das »positive Feedback« in Form von Kommentaren und Likes an, um mit ihren Inhalten immer weiter jene Entwicklung zu befeuern, die schlicht und ergreifend als Verblödungsprozess bezeichnet werden muss. Setzt man mit Hannah Arendt, Jürgen Habermas oder Richard Rorty voraus, dass eine Demokratie nur mit mündigen Bürgern wahrhaft demokratisch gestaltet werden kann, müssen die Influencer als jene begriffen werden, die zur Vereitelung dieses aufklärerischen Projekts das Ihre tun und dabei die marktradikale Ideologie eines Milton Friedman hinter sich haben, der einst erklärte:

Wenn Sie täglich im Supermarkt abstimmen, dann bekommen Sie ganz genau das, wofür Sie gestimmt haben, und so geht es allen anderen auch.

Die Wahlurne produziert Konformität ohne Einstimmigkeit, der Marktplatz produziert Einstimmigkeit ohne Konformität! Deshalb ist es wünschenswert, daß man die Wahlurne nur für Entscheidungen benutzt, bei denen Konformität notwendig ist.[10]

Die Demokratie zeichnet Friedman als System der Konformität, wohingegen der Konsum sich einstimmig gestaltet, da der Supermarkt mit seinem Angebot möglichst exakt die Nachfrage widerspiegeln möchte, um dem Kunden zu signalisieren, dass dieser sich verstanden fühlen dürfe, anders jedoch als in der Demokratie nicht auf seinen Individualismus verzichten müsse. Friedman war nicht der Einzige, der die Idee der Marktdemokratie forcierte. Nach 1989 verkündeten Banker wie Walter Wriston die »Götterdämmerung der Souveränität«, Philip Bobbitt rechnete mit einem reaktiven Staat, der sich den Konsumentenwünschen permanent anpassen würde.[11] Dass aber von Konsumentensouveränität, die allein schon von der klassischen Werbung nach Kräften untergraben wird, nicht die Rede sein kann, ignorieren Neoliberale geflissentlich ebenso, wie sie Margaret Thatchers Losung »There's no such thing as society. There are individual men and women and there are families« zu begrüßen scheinen.

Dieser Kult des Individuellen drückt sich in der Konsumideologie des 21. Jahrhunderts besonders anschaulich aus, da diese immer wieder darüber hinwegzutäuschen versucht, dass es sich lediglich um eine Pseudoindividualität handelt. Gerade der digitale Fortschritt unterstützt diese Tendenz: Beispielhaft sei das rheinland-pfälzische Unternehmen »Dein Design« erwähnt, das dem Kunden anbietet, Produkte wie Handyhüllen, Bierfässer oder Kaffeemaschinen individualisieren zu lassen. Der modernste Foliendruck, die digitale Fotografie sowie leicht anwendbare Design-Softwares machen es möglich. Die Paradoxie liegt freilich darin, dass nur eine effiziente Normierung der Produkte diesen persönlichen Zuschnitt überhaupt zulässt, oder um Friedman zu paraphrasieren: Einstimmigkeit des einzelnen Käufers wird durch die Konformität der Produkte und ihrer Herstellungsweisen produziert. Selbstredend arbeitet »Dein Design« auch mit Influencern zusammen, die Produkte mit ihrem Namen und Konterfei verkaufen möchten.

I like

In der You- und I-Kultur will der Nutzer direkt angesprochen sein, dafür zahlt er bereitwillig. Ob Amateur-Pornodarsteller, die sich vor Webcams entblößen, Beauty-Instagrammer oder Gamer, die auf diversen Plattformen live streamen, sie alle eint, dass sie sich die »Auf-du-und-du-Kommunikation« bezahlen lassen. Auf vielen Streaming-Portalen (und seit 2020 auch auf Instagram) soll der Nutzer sich – wie im Striplokal der geneigte Gast mit Geldscheinen – vom jeweiligen Performer Aufmerksamkeit durch das Zustecken digitaler Tokens kaufen. Solche Streamer haben in der Regel Preislisten mit Dutzenden Kommunikationsangeboten: Für wenige Cent kann man Herzchen in den Chat senden, für vier oder fünf Euro bedankt sich der Streamer live mit Nennung des Spenders, ab siebzig Euro erhält man die Handynummer – mit dem Versprechen, regelmäßig per Whatsapp »persönliche Nachrichten« zugesandt zu bekommen. Überflüssig zu sagen, dass es sich nicht um das Privathandy des Streamers handeln wird.

Die Idee der unmittelbaren Ansprache ist allerdings

älter als die Erotik-Plattform Chaturbate oder die Gaming-Seite Twitch: Seit 1997 verkaufte der Stimmungssänger Frank Zander personalisierte Geburtstags-CDs, wofür er wochenlang im Tonstudio immer dasselbe Lied mit einer vermeintlich individuellen Anrede versah:

Hallo Carmen, hallo Geburtstagskind, hör zu, hier die ganz große Überraschung: Falls ein Stuhl in Deiner Nähe sein sollte, greif ihn Dir und setz Dich am besten erst mal hin, denn jetzt kommt der absolute Knaller, dieses Lied ist nur für Dich. Irre, was?

Wie man's nimmt, denn das kostengünstige Brennen von CDs ließ die 19,99 Euro (zuzüglich Versand) teure Geburtstagsüberraschung gar nicht mehr so überraschend aussehen. Die damals im Fernsehen beworbene Kuriosität ist heute obligatorisch, im US-Wahlkampf 2012 jedoch wurde die direkte Kommunikation auf ein ganz neues Niveau gehoben.

Barack Obamas Wahlkampfteam, zusammengestellt aus den besten Köpfen des Silicon Valley, individualisierte die Werbung für den stark angeschlagenen Präsidentschaftskandidaten auf nie dagewesene Weise, indem man, wie Christoph Kucklick konstatiert, »die digitale Auflösung des Wahlvolkes« betrieb. Obama habe »den ersten Wahlkampf der granularen Gesellschaft geführt«. Diese wird nicht mehr grob eingeteilt in Sinus-Milieus, Klassen oder Schichten, die Statistiker, Programmierer und Datenanalytiker werteten stattdessen eine Datenbank aus, die »für jeden der 166 Millionen Wähler rund 10 000 bis 20 000 Datenpunkte enthielt«,[12] die um gekaufte sowie via Telefon ermittelte Daten ergänzt wurden: Jeder Wähler wurde in seiner Einzigartigkeit erfasst und vermessen, dazu gehörte auch, bei jeder Onlinekampagne vorher zahlreiche A/B-Tests durchzuführen, um herauszufinden, welche Formulierung, ja, welche Homepage-Farbe mehr Partizipation hervorruft:

Der letzte Trick Obamas war schließlich der genialste. Von Anfang an legte Obama höchsten Wert auf eine schlagkräftige Truppe von Freiwilligen, die mit möglichst vielen Wählern sprachen. Aber nur dank der Algorithmen [...] wusste sein Team, bei wem sich Gespräche lohnen. So klopften allein im besonders umkämpften Bundesstaat Ohio in den letzten vier Tagen vor der Wahl 21 000 Freiwillige an 890 000 Türen und führten 350 000 Gespräche. [...] Die Freiwilligen waren mit Smartphone-Apps ausgerüstet, denen sie den exakten Wortlaut der Gesprächseröffnung oder der Abschlussformen entnahmen – *Scripted Reality*, aber wirkungsvolle.[13]

Kostenintensiv, jedoch nicht verschwenderisch, sondern äußerst effizient verlief dieser Wahlkampf, bei dem sich auch die Onlinewerbung auf jeden Wähler abstimmen ließ. Wurden bei einer breiten Streuung zur Prime-Time im TV zwar die Massen bespielt, aber nicht erreicht, da die Themensetzung allgemein bleiben musste, konnte über Anrufe und die sozialen Medien jeder Wähler unmittelbar angesprochen werden. Obamas Wahlerfolg hat die Werbeindustrie radikal verändert, da Unternehmen immer mehr Wert darauf legen, potenzielle Käufer gezielt zu adressieren und für jene kein Budget auszugeben, die ohnehin niemals nachhaltig gefertigte Bikinis oder rote Lippenstifte kaufen würden, da sie zum Beispiel männlich sind.

Die Influencer übernehmen bis zu einem gewissen Grad die Rolle der Wahlkämpfer, nur dass sie nicht vor Haustüren stehen, sondern auf den Smartphones erscheinen. Da davon auszugehen ist, dass die Followerschaft stark identifikatorisch geprägt ist, sind die Unternehmen in der Lage, viel klarer zu ermessen, welche Influencer als Werbebotschafter infrage kommen. Mit der Reichweite eines Profils wächst aber gleichzeitig das

Problem, das durch den personalisierten Haustürwahlkampf umgangen werden konnte: Je mehr Menschen dem Instagrammer folgen, desto weniger kann er Produkte speziellen Zuschnitts erfolgreich bewerben, denn der Streueffekt nähert sich wieder der TV- oder Printwerbung an, wenngleich die Influencer-Werbung immer noch aufmerksamer konsumiert wird, eben weil der Follower sie schlichtweg unter »Content« rubriziert.

Wie effektiv diese Werbung tatsächlich ist, lässt sich nur dann eindeutig feststellen, wenn das Produkt mit einem Influencer-eigenen Aktionscode oder Affiliate-Link in einem Onlineshop erworben werden kann. Außerdem geben Rückmeldungen in den Kommentarspalten bei Instagram oder Youtube Auskunft über abgeschlossene Käufe, inklusive kurzer Produktrezensionen. Zu dieser Kundenarbeit rufen die Influencer häufig auf. Um aber nicht zu sehr das pseudofreundschaftliche Verhältnis als ein rein ökonomisches kenntlich zu machen, muss zum Ausgleich immer wieder das banale Leben, das selbstredend wieder »super spannend« verläuft, müssen die Achs und Wehs des Alltags thematisiert werden, wie man anno dazumal es tat, als man noch telefonierte – mit Freunden.

Selten über Small Talk hinausgehend, werden Gemeinplätze thematisiert, zu denen die Follower-Schar Stellung beziehen soll. Häufig beendet der Influencer den kleinen Monolog über ein mehr oder weniger irrelevantes Thema mit der Frage, was denn die Zuschauer, die so aus ihrer Passivität in eine scheinbare Aktivität gebracht werden sollen, über den Sachverhalt denken: »Nehmt ihr Euch manchmal auch zu viel für einen Tag vor?«; »Habt ihr noch Tipps für bessere Bauchübungen?«; »Wohin fahrt ihr diesen Sommer in den Urlaub?«. Fragen des Lebens eben, zu deren Beantwortung mit einem munteren »Schreibt es in die Kommis!« aufgerufen wird. Und schon tippen die Adressaten los, manche kurz und knapp, andere offenbaren sich, Innerlichkeiten werden preisgegeben. Doch für wen nur? Kein erfolgreicher Influencer ist in der Lage, die »Kommis« wirklich zu lesen, geschweige denn darauf zu antworten. Obama hätte auch nicht persönlich an jede Haustür klopfen können. Genau das aber geben die Influencer vor, der Kundenbindung wegen, und um nicht in den Verdacht der Arroganz zu geraten, der einen jener so sehr gefürchteten Shitstorms auslösen könnte.

Die Aufforderung »Schreibt es in die Kommis« ist jedoch in Wahrheit so blasiert wie das distinguierte Winken der im Rolls-Royce vorbeifahrenden Queen, nur eben weitaus unaufrichtiger. Manche Influencer – dahingestellt sei, ob sie persönlich oder ihre Assistenten es tun – vergeben inflationär viele Likes, um ihren Followern »etwas zurückzugeben«. Die freundschaftliche Geste folgt einem Rezept aus einem der bekanntesten Marketingratgeber, der bemerkenswerterweise auch als Ursprung für den Begriff »Influencer« ausgemacht wurde: *Die Psychologie des Überzeugens* aus dem Jahr 1984. Der Psychologe Robert B. Cialdini beschreibt darin, wie wichtig Anerkennung durch den Verkäufer für den Kunden beim Kauf ist, zum Vorbild solle man sich deshalb die Strategie des erfolgreichsten Autoverkäufers der Welt nehmen, der nicht nur über Charisma und Fachwissen verfügt:

Er tat etwas, das einem auf den ersten Blick wie reine Geldverschwendung vorkommt. Jeden Monat schickte er jedem seiner über 13 000 früheren Kunden eine Postkarte mit einer aufgedruckten Mitteilung. Der Text änderte sich je nach Anlass (»Glückliches neues Jahr«, »Alles Gute zum Valentinstag«, »Happy Thanksgiving« usw.), aber die auf der Vorderseite der Karte gedruckten Worte änderten sich nie: Stets war da zu lesen: »Ich mag Sie.«[14]

Die digitale Variante bietet der Like-Button. »I like« ist wahr und gelogen zugleich, denn der Influencer mag den Follower zwar nicht persönlich, doch insofern er Geld bringt.

8. Der gute Mensch von Instagram

Geschickt ist die Perspektive gewählt, in der die Influencerin vor dem Burj al Arab, dem berühmtesten Hotel Dubais, posiert: In einem hellblauen Bikini steht sie mit dem Rücken zur Kamera und erscheint fast genauso groß wie der 321 Meter hohe Bau, der sich in einiger Entfernung in den Himmel schraubt (und bereits in unzähligen Storys, Posts und Videos in Szene gesetzt wurde). Zwischen ihr und der modernen Fünf-Sterne-Luxusresidenz liegt eine Strandlandschaft wie aus dem Reisekatalog: Das Meer ist türkisblau und klar, Wellen treffen schäumend auf den Sand, das Hotel ist von Palmen umsäumt. Diese Aussicht bildet jedoch nur die Hintergrundfolie für eine ganz besondere Botschaft: Mit der linken Hand streckt die Influencerin der Kamera ein DIN-A4-großes Pappschild entgegen, auf dem mit rosa Filzstift geschrieben steht: »Strong independent women« – gesponsert wird diese emanzipatorische Message von der Parfümeriekette Douglas, die zum Weltfrauentag die Kampagne #YouAre Women gestartet hat. Als die Abgebildete in den Kommentaren unter ihrem Post auf die Widersprüchlichkeit der Fotos hingewiesen wird, reagiert sie ungehalten: »Richtig sinnloser Kommentar! Ist eher ein Statement so ein Bild in einem Land zu machen, indem Frauen nicht dieselben Rechte haben wie bei uns!!!« Doch es ist vor allem sie selbst, die von diesem Statement profitiert – sie und der sich emanzipatorisch gebende Kosmetikkonzern.

***

Einzig und allein dem Konsum frönen können selbst die Influencer nicht. Immer wieder setzen sie sich für die »gute Sache« ein. Schließlich ist ihr Publikum jung und progressiven Einstellungen eher zugeneigt als die älteren Generationen, so dass auch das Eigeninteresse es gebietet, auf mehr oder minder relevante Themen aufmerksam zu machen – oder wie es im digitalen Zeitalter heißt: »Awareness« zu schaffen. Je nach Land und kulturellem Hintergrund unterscheiden sich die Sujets, die von der Reichweite der Influencer profitieren können, so dass dem interessierten Betrachter anhand von Tiktok-Videos und Instagram-Trends schnell ersichtlich wird, welche Themen wo diskursrelevant sind: Im Westen dominieren vor allem Nachhaltigkeit oder Diversity, während etwa auf osteuropäischen und russischen Tiktok-Kanälen besonders häufig Obdachlosigkeit in Szene gesetzt wird.

Kritik wird vor allem dann laut, wenn sie gewinnbringend nutzbar gemacht werden kann – etwa, indem zuerst auf die miserable Klimabilanz herkömmlicher Kosmetikprodukte hingewiesen wird, um anschließend für einen besonders nachhaltigen Lippenstift zu werben. Systemisch wird die Kritik jedoch nie. Der Trick der Kulturindustrie, sich durch eine halbgare Kritik an den wüstesten kapitalistischen Exzessen zu immunisieren, ist keineswegs neu. Schon 1928 bemerkte Siegfried Kracauer über das Unterhaltungskino:

> Das Publikum setzt sich gewiß auch aus Arbeitern und kleinen Leuten zusammen, die über die Zustände in den oberen Kreisen räsonnieren, und das Geschäftsinteresse fordert, daß der Produzent die gesellschaftskritischen Bedürfnisse seiner Konsumenten befriedige. Niemals aber wird er sich zu Darbietungen verführen lassen, die das Fundament der Gesellschaft im geringsten angreifen; er vernichtete sonst seine eigene Existenz als kapitalistischer Unternehmer. Ja, die Filme für die niedere

Bevölkerung sind noch bürgerlicher als die für das bessere Publikum; gerade weil es bei ihnen gilt, gefährliche Perspektiven anzudeuten, ohne sie zu eröffnen, und die achtbare Gesinnung auf den Zehenspitzen einzuschmuggeln.[1]

Die Kritik, die die Kulturindustrie an ihrer eigenen ökonomischen Basis äußert, war schon immer darauf ausgelegt, sich selbst zu negieren. Dies gilt heute nicht nur für das Kino, sondern auch für die Kampagnen der Influencer: In den sozialen Medien wird ebenfalls »die achtbare Gesinnung auf den Zehenspitzen« eingeschmuggelt, wie sich an einem extremen – wenngleich in Russland und Osteuropa sehr populären – Beispiel demonstrieren lässt. Die dortigen Tiktok-Nutzer schauen millionenfach knapp dreißigsekündige Videos, in denen in melodramatischer Form das Leid von Obdachlosen behandelt wird und die beinahe immer nach demselben Schema ablaufen: Ein Influencer markiert – von Schauspielerei kann keine Rede sein – einen Obdachlosen, der von einem anderen Laiendarsteller wahlweise Schläge oder Geschenke erhält. Im ersten Fall soll auf die Misshandlung der Armen hingewiesen werden, im zweiten Fall wiederum wird die barmherzige Gabe der Wohlhabenden zur Lösung des Problems deklariert. So bleibt die soziale Ordnung, die das Elend produziert, unangetastet. Gefordert wird nicht etwa eine Welt ohne Obdachlosigkeit, sondern eine, in der Bettler nicht geschlagen werden. Besonderer Beliebtheit erfreut sich die Kombination der beschriebenen Motive, häufig wird erst die gewaltsame Misshandlung eines Obdachlosen inszeniert, um dann zu illustrieren, wie ihn gute Menschen in Schutz nehmen, ihn mit Geldscheinen oder gar brandneuen Iphones beschenken. Nie enthalten diese Szenen auch nur einen einzigen Gedanken, nie wird ein Fakt über

Obdachlosigkeit genannt oder auf Hilfsangebote verwiesen. Um die Betroffenen geht es nicht, ihr Leiden ist für die Influencer lediglich ein Klischee, das immer wieder neu in Szene gesetzt wird, um daran zu verdienen. Die Armen bleiben so stumm wie die Videos, die angeblich ihnen gewidmet sind: Fast nie wird in den Clips gesprochen, stattdessen besteht die Tonkulisse aus zeitgenössischen Popsongs (besonders beliebt: Trevor Daniels »Falling«), und das hat einen schnöden Grund: Die »Content Creators« werden von großen Musiklabels dafür bezahlt, dass sie ihre neuesten Hits bekannter machen. Damit die Songs nicht nur passiv aufgenommen werden, finden sich am unteren Bildrand Titel und Interpret eingeblendet – hier ist der Kunde König. Den Gewinn wiederum teilen sich die Darsteller und die Großkapitalisten auf. Von der Awareness profitieren stets die Porträtierenden, nie die Porträtierten.

Der Bettler als Kleinkapitalist

So zynisch die geschilderten Filmchen auch sein mögen, sie stellen nicht den Gipfel der Affirmation dar. Ein besonders beliebtes Genre des Sozialpornos bilden Videos, in denen das Problem der Obdachlosigkeit zum Schein gelöst wird, indem die Bettler zu Kleinkapitalisten stilisiert werden: In einem solchen Tiktok-Clip (der knapp 600 000 Likes erhalten hat) sitzt ein junger Mann im schwarzen Hoodie auf dem Boden einer Shopping Mall. Niemand will ihm Geld geben, seine Mitmenschen strafen ihn mit Verachtung – doch dann hat ein Besucher des Einkaufszentrums die entscheidende Idee: Er kauft dem Mittellosen eine Personenwaage. Nun verfügt auch der Bettelnde über Kapital und kann zum erfolgreichen

Unternehmer seiner selbst werden. Die Besucher der Mall nehmen nur zu gern die von ihm angebotene Dienstleistung in Anspruch und wiegen sich – ein Geldschein nach dem anderen landet zu den Beats eines motivierenden Popsongs in den Händen des Armen. Derartige Videos gibt es viele, immer wieder sind es dieselben Motive, die auf den Kanälen der Social-Media-Stars reproduziert werden (beliebt ist auch die Geschichte des Blinden, dem eine Passantin »It's a beautiful day and I can't see it« auf sein Schild schreibt, wodurch sein Erfolg als Bettler gesteigert wird). In den Kommentaren unter dem Bettelvideo heißt es »er ist ein ehrenmann«, »Mann der ARME ... Zum glück gibt es solche netten Menschen«, »Der Mann ist nett« und »sowas von süß Idee von dier«.

Dass der Clip einen Betrug am Bettler wie an den Zuschauern darstellt, scheint Letztere nicht zu stören. Die Videos fungieren für sie als Surrogat: Wenn der Mensch schon nicht gut ist, zeigen sie wenigstens, dass er es sein könnte, dass ein »richtiges Leben im falschen« möglich ist. In Anlehnung an Adorno könnte dieser Typus des nur zu gern Betrogenen als »emotionaler Zuschauer« bezeichnet werden, dem ein rührender Tiktok-Clip »wesentlich zur Auslösung sonst verdrängter oder von zivilisatorischen Normen gebändigter Triebregungen, vielfach zu einer Quelle von Irrationalität [wird], die den in den Betrieb rationaler Selbsterhaltung unerbittlich Eingespannten überhaupt noch gestattet, irgend etwas zu fühlen«.[2] In einer als kalt empfundenen Welt, die keine menschliche Regung zulässt, in der die Härte regiert, wird der sozialen Neigung lieber am Bildschirm als im echten Leben stattgegeben. Der Influencer steckt dem Bettler symbolisch das Geld zu, das der Zuschauer ihm real nie geben würde. Die implizite Botschaft der Videos nehmen die Betrogenen nur zu gern en passant auf: Jeder kann seine eigene kleine Ich-AG gründen, selbst Bettler können es zu Wohlstand bringen – wenn sie denn nur innovativ sind und ihre Marktlücke finden. Wer dann immer noch mittellos ist, dem fehlt einfach das richtige »Mindset«, um in der besten aller Welten zu bestehen. Die Darstellung des Elends kehrt sich somit in die Affirmation des Bestehenden um, es scheint, als hätten die Influencer Bertolt Brechts *Dreigroschenoper* ihres satirischen Gehalts beraubt und als ernst gemeinte Gebrauchsanleitung inszeniert. So trifft bereits in der ersten Szene des berühmten Dramas der Bettler Filch auf Jonathan Jeremiah Peachum, den Besitzer der Firma »Bettlers Freund«. Ein wirklicher Freund der Armen ist Peachum nicht: Erst müssen sie sich nämlich in sein Geschäft einkaufen, dann knöpft er ihnen mindestens die Hälfte ihrer Almosen als Provision ab. Er ist die personifizierte Ausbeutung; das »konstante Kapital« (Karl Marx), mit dem er seine Klienten versieht, besteht aus Prothesen, Lumpen und Sprüchen, die das Mitleid der Londoner Bürger erregen sollen. Ständig muss Peachum innovativ bleiben:

Ja, es muß etwas Neues geschehen. Mein Geschäft ist zu schwierig, denn mein Geschäft ist es, das menschliche Mitleid zu erwecken. Es gibt einige wenige Dinge, die den Menschen erschüttern, einige wenige, aber das Schlimme ist, daß sie, mehrmals angewendet, schon nicht mehr wirken. [...] Was nützen die schönsten und dringendsten Sprüche, aufgemalt auf die verlockendsten Täfelchen, wenn sie sich so rasch verbrauchen. In der Bibel gibt es etwa vier, fünf Sprüche, die das Herz rühren, wenn man sie verbraucht hat, ist man glatt brotlos. Wie hat sich zum Beispiel dieses »Gib, so wird dir gegeben« in knapp drei Wochen, wo es hier hängt, abgenützt. Es muß eben immer Neues geboten werden.[3]

Auch Peachum spürt die Zwänge des kapitalistischen Marktes, die Marx und Engels schon 1848 im *Kommu-*

nistischen Manifest festgestellt haben: »Die fortwährende Umwälzung der Produktion, die ununterbrochene Erschütterung aller gesellschaftlichen Zustände, die ewige Unsicherheit und Bewegung zeichnet die Bourgeoisepoche vor allen früheren aus.«[4] Ständige Innovation und harter Wettbewerb bilden das Fundament des Kapitalismus, denn nur wer innovativ bleibt, kann auf dem Markt bestehen. Daher gilt selbst für Bettler, wenn sie zumindest einen auf den Boden gefallenen Krümel des großen Kuchens erhalten wollen: Sie müssen investieren. Und das tut Filch, der zu Peachum sagt: »Ja, das sind Sprüche! Das ist ein Kapital! [...] Unsereiner – wie soll der auf Ideen kommen und ohne Bildung, wie soll da das Geschäft florieren?«[5] Selbst das Eintreiben des Gnadenbrotes wird zum Geschäft, der Expansionszwang des kapitalistischen Systems, das ständig seine Grenzen verschieben, alle Lebensbereiche durchdringen muss, kommt in dieser Szene unverblümt zum Ausdruck. Brecht verhält sich zu diesem Geschehen – im Gegensatz zu den Influencern – selbstredend nicht affirmativ, noch weniger will er »den einzelnen verantwortlich machen für Verhältnisse, deren Geschöpf er sozial bleibt«, wie es bei Marx heißt.[6] Geändert werden müssen die Verhältnisse, die nicht menschenwürdig sind und in denen nur überlebt, wer seine Menschlichkeit vergisst:

Denn wovon lebt der Mensch? Indem er stündlich
Den Menschen peinigt, auszieht, anfällt, abwürgt und frißt.
Nur dadurch lebt der Mensch, daß er so gründlich
Vergessen kann, daß er ein Mensch doch ist.[7]

Auch das gerührte Tiktok-Publikum wünscht sich eine Welt, in der der Mensch gut ist. Es scheint für die brechtsche Ansprache – und vor allem für seine Schlüsse – jedoch nicht mehr empfänglich zu sein. Zufrieden ist es mit dem Surrogat der Menschlichkeit, mit der totalen Affirmation des Bestehenden.

Erst kommt der Trend, dann kommt die Moral

In moralischer Fragwürdigkeit stehen die westlichen Influencer ihren osteuropäischen Kollegen in nichts nach. Paradoxerweise scheinen gerade dann keine Grenzen zu existieren, wenn es um die »gute Sache« geht: Für einen Shitstorm sorgten im Sommer 2020 Tiktok-Creators – sowohl normale Nutzer als auch Plattformstars waren beteiligt –, die sich als KZ-Häftlinge schminkten und kleideten, um »Awareness« für die Geschichte des Holocaust zu erzeugen. Diese Point-of-view-, kurz POV-Videos, verliefen nach einem festen Schema: Die Zuschauer sehen in das Gesicht eines Creators, der sich in Selfie-Perspektive aufnimmt, inszeniert wird ein Treffen im Himmel: Die Netzstars spielen im Holocaust Getötete und erzählen den Zuschauern, wie sie ermordet wurden. In einem solchen Video (knapp 120 000 Likes) blickt eine junge Frau (mehr als 250 000 Follower) traurig in die Kamera, während folgender Dialog über ihrem Gesicht eingeblendet wird:

Kleiner Junge: Hey, weißt du wo ich bin?
Du bist im Himmel keine Sorge!!
Kleiner Junge: Geht es dir gut? Was ist mit deinem Gesicht passiert?
Mir geht es gut, es zeigt nur wie wir gestorben sind!
Kleiner Junge: Oh, okay, kannst du mir sagen, wie du gestorben bist?
Natürlich, also ich war im deutschen Konzentrationslager ... Wir wurden gefoltert, ausgehungert ... Ich bin an Hunger und Erschöpfung gestorben ... Wie viele ...
Kleiner Junge: Es tut mir so leid ...

Wann immer ein bedeutsames Thema zum kurzlebigen Trend wird, wird das wahre Motiv der Influencer ersichtlich: Die gesellschaftlich relevanten Fragen sind für sie nur ein Vorwand, um sich selbst in den Mittelpunkt zu rücken, kein Hashtag darf ungenutzt bleiben. Diese Tendenz wurde auch im Sommer 2020 offenkundig, als weltweit Black-Lives-Matter-Demonstrationen initiiert wurden: Die Influencer posteten am #BlackoutTuesday auf Instagram keine Storys und keine Fotos, nur eine schwarze Kachel wurde geteilt, um für einen Tag den von Rassismus Betroffenen auf Instagram Vorrang zu gewähren. Die offizielle Botschaft dahinter lautete: »Wir hören euch zu«, doch selbst diese Passivität konnte nicht ohne den aktiven Verweis auf das gewissenhafte Verhalten der Netzstars stattfinden. Im Anschluss an diese Aktion beteuerten die Influencer fortwährend: »Ich habe heute so viel gelernt!«, »Ich habe so viel zugehört!« – wie immer schafften es die Social-Media-Profis, sich selbst zum (wenn auch passiven) Mittelpunkt des Geschehens zu machen. Adornos Bonmot trifft auch auf sie zu: »Bei vielen Menschen ist es bereits eine Unverschämtheit, wenn sie Ich sagen.«[8] Heute #blacklivesmatter, morgen #womensupportwomen – für jeden Tag des Jahres findet sich ein empowerndes Motto, das wenig Mühe kostet und viel Gratisapplaus bringt.

Doch es gibt nicht nur Influencer, die einen Trend nach dem anderen abgrasen. Nein, es gibt auch solche, die Themen längerfristig und mit heiligem Ernst verfolgen. Ein in westlichen Ländern besonders beliebtes Thema lautet Nachhaltigkeit. Mit dem Rückenwind der globalen Klimabewegung haben es einige Influencer geschafft, dieses Sujet zu ihrem persönlichen Markenzeichen zu machen. Immer wieder wird von ihnen auf steigende CO_2-Emissionen, Hitzesommer und Plastikmüll aufmerksam gemacht, sogar Regierungen werden kritisiert. Wirkliche – das heißt: global tragfähige – Lösungen werden dabei nie präsentiert, stattdessen wird das vielleicht bedeutsamste politische Thema des 21. Jahrhunderts auf eine Frage der individuellen Konsummoral reduziert. Auch daran lässt sich gut verdienen: Auswaschbare Brötchentüten, wiederverwendbare Kaffeebecher und vegane Tampons werden zu den Innovationen der Zukunft gekürt, um weiterhin mit gutem Gewissen dem Konsum frönen zu dürfen. Nachhaltigkeit wird damit in ein Distinktionsmerkmal der oberen Mittelschicht umgemünzt, die es sich leisten kann, fair gehandelte Kleidung und Hygieneprodukte hipper Start-ups zu erwerben – globale Lösungen, die gar eine Kritik am Weltwirtschaftssystem mit sich bringen könnten, sind kein Thema.

Überdies proklamieren viele westliche Influencer Diversity. Eingefordert wird die Repräsentation vielfältiger ethnischer, kultureller und sexueller Identitäten, und solange die gewünschte Gleichheit auf einer kulturalistischen Ebene verharrt und nicht ökonomisch zu werden droht, zeigen sich die Netzprominenten dabei äußerst engagiert. Diese unheilige Allianz aus Kapitalinteressen und kultureller Progressivität ist – wie auch die ökonomische Genese der Influencer – nur verständlich, wenn das Ende des Fordismus mit bedacht wird: Der Philosophin Nancy Fraser zufolge sorgte das fordistische Akkumulationsregime durch seine Massenproduktion zwar einerseits für sichere Arbeitsplätze und hohe Wachstumsquoten, andererseits setzte dieses Modell

> die Fortführung der (neo)imperialen Ausbeutung des Globalen Südens, die Institutionalisierung weiblicher Abhängigkeit [...] und die rassis-

tisch motivierte Exklusion der Beschäftigten in Landwirtschaft und Haushalt [...] notwendig voraus. Die ausgeschlossenen Bevölkerungsgruppen begannen in den sechziger Jahren, gegen diesen Deal mobilzumachen [...]. Unglücklicherweise gerieten ihre Proteste im Lauf der folgenden Dekaden in eine andere, sich parallel entfaltende Front. Hier kämpften die aufstrebenden Befürworter der Deregulierung und der Globalisierung [...] gegen die ermattenden Arbeiterbewegungen der kapitalistischen Kernländer [...]. In diesem Kontext entstand eine Gegnerschaft zwischen den Neuen Sozialen Bewegungen, die auf den Umsturz der alten Hierarchien in den Bereichen Gender, »Rasse«/Ethnie und Geschlecht abzielten, und jenen Bevölkerungsgruppen, die ihre vom Kosmopolitismus der neuen Finanzmarktökonomie bedrohten [...] Vorrechte verteidigen wollten.

Aufgrund dieser Frontstellung zwischen ehemaligen Industriearbeitern, die ihre Privilegien sichern wollten, und Ausgeschlossenen, die die gleichen Rechte verlangten, gelang es neoliberalen Politikern wie Bill Clinton, gesellschaftlich progressive Ziele mit einer arbeiterfeindlichen Politik zu verbinden. Die in den vergangenen Jahrzehnten gestärkten Minderheitenrechte sowie die Liberalisierung der Finanzmärkte sind, so gesehen, zwei Seiten derselben Medaille. Der Ärger der nunmehr Vernachlässigten, die besonders in den deindustrialisierten Gebieten des Rust Belt zu finden sind, entlud sich mit einigen Jahrzehnten Verspätung in der Wahl Donald Trumps zum US-Präsidenten – Fraser zufolge nicht zuletzt, da die politische Linke es versäumt hatte,

ein umfassendes linkes Narrativ [zu entwerfen], das die legitimen Klagen der Trump-Wähler mit einer Fundamentalkritik der finanzmarktgetriebenen Wirtschaft einerseits und einem antirassistischen, antisexistischen und antihierarchischen Emanzipationsverständnis andererseits hätte verschmelzen können.[9]

Durch das Scheitern der politischen Linken konnte sich ein »progressiver Neoliberalismus« herausbilden, der heute die gesamte westliche Kulturindustrie überzieht –

selbst die Vergabe von Oscars muss neuerdings nach Diversity-Quoten geregelt werden. Bezeichnend ist, dass allen Diskussionen über Buntheit zum Trotz in Hollywood noch nie eine Arbeiterquote gefordert wurde.

Mit einiger Verspätung ist der »progressive Neoliberalismus« nun auch in die Influencer-Sphäre eingesickert. Fragen der Frauenemanzipation etwa werden bestenfalls dann behandelt, wenn es um die Probleme von Millionärinnen geht – besonders gern unter Hashtags wie #femaleempowerment. Beispielhaft für diese Form des »1-Prozent-Feminismus« steht eine deutsche Netzberühmtheit, die im Sommer 2020 in einem Youtube-Video auf ein für nicht allzu viele Frauen bedeutsames Problem aufmerksam machte. Wer im Vorstand eines börsennotierten Unternehmens sitzt, muss das Mandat in der Elternzeit niederlegen:

Ich bin so groß geworden, dass ich alles erreichen kann […]. Und stellt euch vor, ihr seid irgendwann an dem Punkt, wo ihr am Höhepunkt eurer Karriere seid: Ihr habt ein Unternehmen gegründet, es ist unglaublich erfolgreich, es ist sogar an die Börse gegangen, und ihr seid Vorstandsmitglied geworden! Und dann habt ihr nicht nur beruflichen Erfolg, sondern ihr seid dann auch noch verheiratet und mit eurem ersten Kind schwanger!

Die Zuschauerin soll sich mit einer Karriere identifizieren, die sie nie machen wird, Kracauer paraphrasierend ließe sich sagen: Die kleinen Ladenmädchen lauschen den Geschichten aus der Vorstandsetage. Doch das Happy End ist bedroht:

Da würde man sich ja vorstellen, dass man alles erreicht hat, und dass man's auch schaffen kann, wenn man's schon so weit geschafft hat, auch all das unter einen Hut zu bekommen. Denn: You can have it all! Wenn man nur will – das ist zumindestens mein Motto. Und dann kommt aber das deutsche Gesetz und macht euch einen Strich durch die Rechnung!

Im Anschluss an diese Vorrede erklärt eine Gründerin (Jahresumsatz ihres Unternehmens: mehr als eine Viertelmilliarde Euro), wie ungerecht die Welt zu Menschen ist, die im Vorstand von millionenschweren Unternehmen sitzen, und später wird ihr die Influencerin noch einmal leidenschaftlich beipflichten: Diese Zustände seien »alles andere als menschlich«.

Als ein Zuschauer in der Kommentarspalte bemerkt: »Ich würde es besser finden, wenn du mit deiner Reichweite etwas für die Menschen/Frauen tun würdest, die am Rande der Gesellschaft oder aus dem unteren Drittel der Bevölkerung kommen und sich quasi nichts leisten können«, kommt als Antwort der Prominenten nur das Totschlagargument: »#whataboutism«, so als hätte sie nur ein einziges Mal Fragen der Armutsbekämpfung angesprochen. Und auch der Rest der Comment Section zeigt für solche Kritik kein Verständnis, vielmehr wird der Youtuberin beigepflichtet, wie wichtig dieses Thema sei: »Danke, dass du dich für solche Themen stark machst«, heißt es dort, oder auch: »Karriere muss unter menschlichen Bedingungen möglich sein.«

Shen Te oder Shui Ta?

Karriere machen unter menschlichen Bedingungen? Dies versucht auch Shen Te, die Protagonistin von Brechts Parabelstück *Der gute Mensch von Sezuan*. Drei der höchsten Götter kommen mit einem Auftrag auf die Erde: Sie wollen einen guten Menschen finden, der ihnen zum Beweis dienen soll, dass ihre Gesetze gerecht sind. »In dem Beschluß hieß es: die Welt kann bleiben, wie sie ist, wenn genügend gute Menschen gefunden werden, die ein menschenwürdiges Dasein leben können.«[10] Dieser Auftrag gerät jedoch schnell zum Fiasko, schon die Suche nach einem Schlafplatz droht erfolglos zu bleiben, da niemand den Göttern ein Obdach geben will. Einzig die Prostituierte Shen Te zeigt sich hilfsbereit und schickt sogar einen Freier nach Hause, um den Göttern eine Unterkunft zu bieten. Als Dank für ihre Gastfreundschaft geben diese ihr über tausend Silberdollar, und das Drama nimmt seinen Lauf: Shen Te, die Gutes tun will, gründet einen Tabakladen, um mit ihrem Gewinn die Armen der Stadt zu versorgen. Schnell drängen diese sich jedoch in ihren Laden, nutzen ihre Hilfsbereitschaft aus und zerstören die Quelle ihrer Wohltätigkeit:

Der Rettung kleiner Nachen
Wird sofort in die Tiefe gezogen:
Zu viele Versinkende
Greifen gierig nach ihm.[11]

Es kommt zu einer folgenreichen Aufspaltung: Shen Te verkleidet sich als ihr ausgedachter Vetter Shui Ta, der die kapitalistische Logik und die protestantische Ethik ohne Rücksicht auf Verluste durchsetzt. So floriert zwar das Geschäft, doch ihrem eigenen Anspruch, gut zu sein, kann Shen Te nicht mehr genügen: Ihr Alter Ego Shui Ta beutet die Armen der Stadt aus, erhöht beständig die Geschwindigkeit des Arbeitsprozesses und versagt Shen Tes Freund Wang die Hilfe, als er wegen einer Verletzung auf ihre Aussage vor Gericht angewiesen ist. Am Ende des Stückes, als die Last auf ihren Schultern unerträglich wird, lässt die Zerrissene die Maske fallen und gesteht den Göttern:

Ja, ich bin es. Shui Ta und Shen Te, ich bin beides.
Euer einstiger Befehl
Gut zu sein und doch zu leben
Zerriß mich wie ein Blitz in zwei Hälften. Ich

Weiß nicht, wie es kam: gut sein zu andern
Und zu mir konnte ich nicht zugleich.
Andern und mir zu helfen, war mir zu schwer.
Ach, eure Welt ist schwierig! Zu viel Not, zu viel Verzweiflung!
Die Hand, die dem Elenden gereicht wird
Reißt er einem gleich aus! Wer den Verlorenen hilft
Ist selbst verloren! Denn wer könnte
Lang sich weigern, böse zu sein, wenn da stirbt, wer kein Fleisch ißt?

Dieses Lamento ist den Göttern kein Grund, an ihrer Welt etwas zu ändern. Shen Tes Beschwerde, dass in ihrer Welt nur bestehen kann, wer seine Menschlichkeit vergisst, ignorieren sie geflissentlich. Gönnerhaft erlauben sie Shen Te, dass Shui Ta einmal im Monat zur Hilfe gerufen werden darf, um auf einer rosa Wolke entschwebend zu singen:

Eure Körper werfen Schatten
In der Flut des goldnen Lichts
Drum müßt ihr uns schon gestatten
Heimzugehn in unser Nichts.[12]

Die Schattenseiten, die der Mensch in ihrer Welt besitzen muss, um zu überleben, wollen die Götter nicht wahrhaben. Sie lassen Shen Te allein zurück, die an ihrer Stelle für das Gute in der Welt kämpfen soll – mit den Profiten aus ihrem Tabakunternehmen. Die ehemalige Prostituierte geht an diesem Widerspruch kaputt, gute Unternehmerin und guter Mensch zugleich zu sein ist ihr nicht möglich. Doch wie lösen nun die Influencer dieses Problem? Ganz einfach: Indem sie Shen Tes Verhalten auf den Kopf stellen.

Diese will reich werden, um Gutes zu tun, während jene Gutes tun, um reich zu werden. Der gute Mensch von Sezuan setzt die Maske des gefühlskalten Shui Ta auf, um die zu verteilenden Gewinne überhaupt erst einmal zu erwirtschaften, die Youtuber und Insta-Stars wiederum setzen die Maske der Shen Te auf, um das Portemonnaie ihrer Follower zu erleichtern. Shen Te muss eigennützig agieren, um dann als Menschenfreundin aufzutreten – die Influencer jedoch treten als Menschenfreunde auf, um ihrem Eigennutz entsprechend zu handeln.

Brechts Heldin bleibt am Ende allein zurück, mit dem unerträglichen Gewicht der ganzen Welt auf ihren Schultern. Die Influencer hingegen spüren davon nichts. Sie können es sich leisten, jeden Tag auf der richtigen Seite zu stehen.

9. In 80 Hashtags um die Welt

Ein Frühlingstag in Ubud, im Süden von Bali: Gehalten nur von den starken Armen ihres Freundes, hängt die junge Frau am steingrauen äußeren Beckenrand des runden Infinity-Pools. Das linke Bein elegant angewinkelt, kokettiert sie mit dem tiefen Abgrund unter ihr, der zugleich das Ende der Zivilisation zu bedeuten scheint. Die wilde Natur, in die ein Hotelareal gepflanzt wurde, tut sich dort unten auf, selbst ein Schwimmbecken, dessen Bezeichnung Endlosigkeit verspricht, hat seine Grenzen. Das Paar küsst sich, der Mann mit Surferbody und Basecap steht dabei bis zum Nabel im glasklaren Wasser. Den Hintergrund dieses Flirts mit der Gefahr bilden Palmen. Das aus der Ferne, vermutlich von einem professionellen Fotografen aufgenommene Foto von der Außenpoolanlage des Kayon Jungle Resorts ging um die Welt: Kritisiert wurde allenthalben, dass sich die Reise-Influencer für das spektakuläre Foto in Lebensgefahr begeben hätten, was zu Nachahmungstaten verführen könne. Gewiss, doch das auf all seinen Fotos stets braungebrannte US-amerikanische Pärchen ist selbst nur Imitator eines Instagram-Trends, bei dem sich immer mehr Influencer und – als deren Nachhut – gewöhnliche Urlauber brenzligen Situationen aussetzen, um das perfekte Foto zu erzielen. Vermeintliche Originalität hat ihren Preis und ist immer schwerer zu erreichen, Tausende Fotos wurden in diesem Planschbecken für Erwachsene schon geschossen. Nicht selten lohnt sich solch eine riskante Investition, so hat das Profil der Travel-Influencer dank der Aktion mehr als 100 000 Follower dazugewinnen können. Von derart prosaischen Kalkulationen will man auf der Internetseite des Hotels aber nichts wissen, dort heißt es: »Das Kayon Jungle Resort ist ein Ort, an dem erfahrene Reisende der Hektik des Alltags entfliehen und sich durch die Schönheit der Natur erneuert fühlen können.«

***

Sich erneuern, den »Akku aufladen«, die »Seele baumeln lassen« wollen viele: 2019 haben 1,5 Milliarden Menschen eine Reise ins Ausland unternommen – ein Billionengeschäft, das in den kommenden Jahren weiter wachsen dürfte, trotz Pandemie, Klimawandel und Flugscham. Zu dieser Entwicklung haben auch die Influencer beigetragen, weil sie dem Reisen das gesamte Jahr über mediale Präsenz verleihen. Jeden Tag zeigen sie in den sozialen Medien verwunschene Gassen, azurblaue Himmel, Wellness-Bereiche oder exotische Paläste. Denn fern ist im virtuellen Raum nichts. Hat der deutsche Angestellte auch durchschnittlich bloß 28 Urlaubstage und fremdelt er eher mit linken Vorschlägen wie dem bedingungslosen Grundeinkommen oder der 28-Stunden-Woche, gönnt er sich auf Instagram doch ständig ein kleines bisschen Urlaub. Schüler und Studenten erfahren so früh, dass man überall sein kann und gewesen sein muss, was sich letztlich auch im Lebenslauf »gut macht« und ohnehin immer positiv unter »Erfahrungen sammeln« verbucht werden kann.

Reise-Influencer sind die Fürsprecher des Massentourismus schlechthin, gerade weil sie sich als (konforme) Individualisten feiern, als jene, die dem Hamsterrad der Erwerbsarbeit entkommen sind und jetzt eine Reise nach der anderen tun, um anderen davon zu erzählen – mit Fotos, in Storys, Youtube- und Tiktok-Videos. In der »Erlebnisgesellschaft« (Gerhard Schulze) lebt man häufig aus dem Koffer, außer dem Smartphone und Laptop wird so gut wie nichts benötigt, mitunter geht die touristische Lebensweise mit einem trendigen Minimalismus einher, der nur vordergründig antimaterialistisch erscheint, denn konsumiert werden Erlebnisse oder, wie die Netzstars am liebsten sagen: Momente.

»Denkt dran, spontan zu sein, neue Dinge auszuprobieren und den Moment zu leben«, ermahnt ein vor Glück trunkenes Influencer-Paar seine knapp 900 000 Follower von Hawaii aus. In Fuerteventura angekommen, empfehlen dieselben geschäftstüchtigen Aussteiger im Hippie-Look: »Lass deine Träume nicht nur Träume sein!« Erstaunlicherweise erhalten solch billige Ratschläge größtenteils den Zuspruch der Community, obwohl kein Normalverdiener sich diese Spontaneität und Träumerei leisten kann. Stattdessen bleibt ihm wenig anderes übrig, als heimlich auf dem Büro-PC diese zynischen Aufmunterungen zu lesen. Warum aber gibt es keinen Widerspruch? Keine Häme, ja, nicht einmal Neid? Offenbar ist der Status quo schon so sehr als natürliche Ordnung verinnerlicht, dass selbst die Alternative zu diesem nicht mehr als etwas gedacht wird, was einem zusteht, sondern nur noch als etwas zu Bewunderndes erscheint, das für Augenblicke am Bildschirm sichtbar wird, ehe die nächste E-Mail des Vorgesetzten aufpoppt. Das Fernsehen erzeugte mit Reality-Formaten über vulgäre Millionäre, die nicht mehr arbeiten oder es noch nie taten, lange vor Instagram ein Publikum, dem es genügte, allabendlich zu sehen, was es gerne hätte, aber nie haben wird. Es bleibt nur die Aussicht auf zwei Wochen all inclusive, von denen man heimkehrt mit einem Louis-Vuitton-Imitat, das allerdings immer noch echter ist als der Basar, auf dem man es erstanden hat.

Damit die Urlaubsmomente, die nie spontan, sondern aufwendig inszeniert sind, werbewirksam geteilt werden, laden Hotels und Reisekonzerne einflussreiche Influencer ein, wie auch Pressereisen üblicherweise gratis sind, wenngleich seriöse Journalisten sich nicht kaufen lassen und den Veranstaltern häufig im Vorhinein deutlich machen, dass sie zwar das offizielle Programm absolvieren, jedoch in ihren Artikeln oder Radiofeatures eigene Schwerpunkte setzen werden. Aus Gründen der Transparenz wird in der Regel vermerkt, wessen Einladung man gefolgt ist. Inzwischen sind auch Reise-Influencer verpflichtet, bezahlte Kooperationen zu nennen, doch transparent ist das häufig nicht. Genau deshalb sind deutsche Finanzämter mittlerweile dazu angehalten, großzügige Geschenke an Influencer – wie in einer Broschüre des Bundesfinanzministeriums erläutert wird – als zu versteuernde Einnahmen zu verbuchen.[1]

Man muss sich die Profile der Reise-Influencer zuallererst als erweiterte Reisekataloge vorstellen: Pompöse Suiten und prunkvolle Badewannen werden in Szene gesetzt, Fotos von opulenten Buffets und sauberen Hotelstränden sind zu sehen, dazwischen hin und wieder typische Sehenswürdigkeiten wie Eiffelturm oder Cristo Redentor. Je nach Ort werden die Follower mitgenommen auf einen Ausflug ins Grüne – mit Wildtiersafari oder Kanufahrt, denn ohne den Anschein von Abenteuer und Gefahr kommt kaum ein Reise-Influencer aus. Selbst der nur die Pauschaltouristen adressierende Influencer muss ein wenig Risikofreude vortäuschen, das heißt: wenigstens einmal Jetski fahren mit Action-Cam am Helm. Neben diesen kleinen Spannungselementen, mit denen auch die Vertreter der »Rentnerrepublik« (Stefan Schulz) durch den Landgang beim ZDF-*Traumschiff* wohlvertraut sind, hat vor allem der Servicecharakter Priorität, was in aller Regel Verzicht auf Kritik meint. Dass dies nicht nur zahlungskräftige Touristen, sondern auch Trittbrettfahrer anzieht, beklagen Hoteliers zunehmend. Täglich werden sie von gewöhnlichen Instagram-Nutzern oder Mikro-Influencern kontaktiert, die wie ihre reichweitenstarken Vorbilder kostenlos im Luxusresort absteigen wollen und als Gegenleistung werbende Posts auf Instagram versprechen. Hieran zeigt sich die Aporie des Influencer-Marketings: Durch die persönliche, freundschaftliche Ansprache verwechselt sich der gewöhnliche Kunde bisweilen mit dem Werbetreibenden, dessen Erfolg und Funktion innerhalb des Kapitalismus zwangsläufig darauf beruht, dass alle anderen Kunden bleiben.

Vereinheitlichung der Welt

Eine gern gesehene Nachahmung hingegen ist ästhetischer Natur: Hotels und Tourismuszentren bieten den Pauschalreisenden Zimmer, Pools oder Landschaften an, die *instagrammable* sind. Zugleich klagen immer mehr Anwohner, aber auch Naturschützer, dass durch die Reise-Influencer Fototrends entstehen, die zu einer Belastung für Mensch und Natur werden. In den vergangenen Jahren häuften sich die Fälle, in denen Influencer und ihre Follower-Scharen Kornfelder zertrampelten, von Kirschbäumen gesäumte Straßen blockierten (so geschehen in Bonn) oder in Naturschutzgebiete eindrangen, um Selfies zu schießen und zu posten. Vierzig Prozent aller Reisenden unter 33 Jahren, ergab die Umfrage einer englischen Versicherungsfirma, wählen ihr Urlaubsziel danach aus, ob sich dort schöne Fotos für die sozialen Medien knipsen lassen.[2] Nachgestellt werden dabei die Inszenierungen der Reise-Influencer, die zusätzlich ihre spezielle Filteroptik zum Kauf anbieten, was bizarre Konsequenzen hat. Nicht nur reist man zu den beworbenen Orten, man möchte auch möglichst exakt das Bild reproduzieren, das einen überhaupt erst auf die Idee brachte, die Reise zu unternehmen. Man möchte so aussehen wie der Influencer und dabei in seine Welt – nicht etwa in die des fernen Landes – eintreten, indem man den originalen Filter und exakt dieselbe Einstellung verwendet. Gewiss, man reist, um ein anderer zu werden, doch nun nicht mehr in der Begegnung mit dem Anderen, sondern mit der Angleichung an ein digitales Bild.

Für diese Entwicklung gibt es historische Vorläufer: Im 18. und 19. Jahrhundert machten sich immer mehr Engländer auf, die »Grand Tour« durch Mittel- und Südeuropa nachzureisen, von der sie in hymnischen Reisebeschreibungen gelesen hatten. In das Land, »wo die Zitronen blühn«, folgten bald auch Deutsche auf Goethes Spuren, der sich in seiner Reiseerzählung zwar als großer Individualist inszenierte, jedoch bereits auf recht festgetretenen Pfaden unterwegs war und einem allgemeinen Trend folgte. Italien, stellte sich schnell heraus, war allerdings gar nicht so sehr beseelt vom Geist der Antike, wie die Dichter schrieben. Literarische Abrechnungen mit Italien gibt es zuhauf, der Hauptvorwurf der Pamphlete ist, dass die Wirklichkeit mit der Fiktion nicht mithalten kann. Heute stehen für derlei Ergüsse Bewertungsportale bereit, in denen die Enttäuschten ihren Unmut darüber kundtun, dass die Realität selbst bei fünf Sternen nicht immer *instagrammable* ist. Viele Italientouristen klagten einst über den Gestank und den Schmutz, über geldgierige Reiseführer – Ciceroni genannt –, über profane Ausblicke, die lange nicht so malerisch waren wie die Landschaftsgemälde Nicolas Poussins oder Claude Lorrains. Für letzteres Manko schuf zumindest ein analoger Filter Abhilfe: das sogenannte Claude-Glas. »Es handelt sich dabei um aufklappbare und transportable, leicht konvexe Spiegel, die durch optische Verzerrungen und ihre dunkle Tönung den Eindruck eines Landschaftsgemäldes im Stile Lorrains erwecken konnten.«[3] Ähnlich sehen die Follower heute die Welt durch die Brille der Influencer, deren Cantus firmus dennoch unentwegt »Sei du selbst! Sei individuell« lautet.

Zu dieser Paradoxie kommt eine weitere hinzu: Professionelle Reise-Influencer legen auf all ihre Fotos dieselben Filter, um ihrem Profil einen möglichst hohen Wiedererkennungswert zu verleihen. So brechen sie zwar ständig zu neuen Ufern auf, die Bildbearbeitung sorgt jedoch dafür, dass alles gleich aussieht – egal, ob man gerade die Alpen erklimmt, auf Elefanten reitet oder, auch dies ein wiederkehrendes Bildmotiv, mit aufblasbaren Gummitieren im Hotelpool treibt. »Die Welt des Touristen ist völlig und ausschließlich durch *ästhetische* Kriterien strukturiert«, erklärt Zygmunt Bauman. Nur jene Erfahrungen lässt der Tourist an sich heran, die er ästhetisch umwandeln kann, dabei will er vor allem eines vermeiden: »belästigt zu werden, er kauft die Freiheit von jeder anderen als der ästhetischen Dimension«.[4] Die Influencer vereinheitlichen diese ästhetische Zugangsweise zur Welt, neben den Filtern sind auch die Algorithmen süchtig nach dem Immergleichen, um es den Followern in die Timeline zu schieben. Ein Satz von Friedrich Torbergs Tante Jolesch bestätigt sich somit auf bislang nie dagewesene Weise: »Alle Städte sind gleich, nur Venedig is e bissele anders.«

Der Körper des Influencers sucht sein Pendant in stählerner Architektur. Besonders beliebt sind deshalb Nicht-Orte, die Geschichte höchstens als Kulisse verwenden – sofern sie kombinierbar ist mit den globalen Luxusmarken und ihren Logos –, vor denen die Influencer posieren, um sich selbst zu veredeln. Influencer, die es »geschafft haben«, wandern gar an diese Orte aus, zeigen sich fortan nur noch vor gläsernen Fassaden oder in deren Innern, in sehr großen, sehr leeren Apartments mit Sicht auf wiederum gläserne Fassaden mit ebensolchen Apartments. Mehr als 100 Millionen Posts gibt es auf Instagram zu dem Hashtag #Dubai. Circa 4,5 Millionen finden sich unter #BurjKhalifa, dem mit 828 Metern höchsten Bauwerk der Welt, das auf 38 der 163 bewohnbaren Etagen das dem gleichnamigen Modemacher gehörende Armani-Hotel beherbergt. Das Gebäude gleicht einer extrem zugespitzten Bedürfnispyramide, bereits das Fundament ist für die Wenigen, nach oben verjüngt sich der Bau so sehr, dass die oberen Geschosse nicht einmal mehr bewohnbar sind. Aber sie sorgen dafür, dass man das Wahrzeichen des Protzes noch in 100 Kilometern Entfernung sehen kann. Ganz oben wohnen keine Menschen, sondern Schaltkästen, die den Komplex am Leben halten. Diese Unwirtlichkeit des Luxus zeigt auch Dubais andere Fotografierenswürdigkeit, die mit 321 Metern vergleichsweise kleine Sieben-Sterne-Unterkunft Burj al Arab, die mehr als zwei Millionen Mal auf Insta-Fotos verschlagwortet ist und zu der Influencer auf Youtube Tausende Stunden Videomaterial hochgeladen haben. Man sieht darin, wie sie durch den in den neunziger Jahren in Form eines Segels erbauten Kitschpalast laufen und nicht viel mehr von sich geben als »Wow!«, »Oh, wow!« oder »Wow, ey!«. Die Reise-Influencer sprechen selten in vollständigen Sätzen, vielmehr geben sie unentwegt Symptominterjektionen von sich.

So auch, wenn sie in der Marina-Bay-Sands-Anlage in Singapur residieren und staunen. Der 2010 eröffnete Gebäudekomplex ist nicht nur genauso alt wie Instagram, er scheint wie für die Plattform erbaut worden zu sein. 1,8 Millionen Beiträge finden sich dort unter dem betreffenden Hashtag – man scrollt schier endlos durch Fotos vom hauseigenen Casino, Einkaufscenter,

Kunstmuseum und insbesondere von dem sich über 146 Meter erstreckenden Infinity Pool auf dem die drei Hoteltürme verbindenden Dach, der einen an Singapurs Skyline entlangschwimmen lässt. Posiert wird hier vor der Ordnung einer neuen Welt, genauer sagt: eines autoritären Kapitalismus mit »asiatischen Werten« (Slavoj Žižek), der die Marktwirtschaft von ihrer westlichen Gattin, der Demokratie, zu scheiden bereit ist. »Ein Übermaß an Demokratie führt zu disziplin- und ordnungslosen Bedingungen, die der Entwicklung schaden«, sagte einst Staatsgründer Lee Kuan Yew, was die Väter des Neoliberalismus – man denke an Milton Friedmans und Friedrich August von Hayeks Liebäugeln mit der Militärdiktatur in Chile – freilich nicht anders gesehen haben. Lee, der von 1959 bis 1990 amtierende Premierminister des südostasiatischen Inselstaates, trieb mit harter Hand die Globalisierung und Neoliberalisierung seines Landes voran, nicht zuletzt, um die Metropole in einen transitorischen Ort für Touristen und das Finanzkapital zu verwandeln.

Ordentlich, sauber, aseptisch rein, kurzum: *instagrammable* war Singapur bereits, als vom Internet außerhalb nerdiger Hacker-Kreise keine Rede war. Der Tourist lobt seit je anerkennend die Sauberkeit eines Landes – je ferner, desto überschwänglicher das Lob –, während autoritäre Systeme diese Ordnung in den Augen der Reisenden offenbar nicht beflecken, eher wird die Demokratieskepsis als Souvenir mit nach Hause gebracht. Das ist einer der Gründe, weshalb China mehr und mehr zum Influencer-Magnet wird, und Hightech-Diktaturen wie Saudi-Arabien mit dem vom Westen lange Zeit hofierten Kronprinzen Mohammed bin Salman werben bewusst Influencer an, die die herrschenden Verhältnisse retuschieren sollen. »Gateway KSA unterstützt die Vision Saudi-Arabiens für 2030, indem es Basisaktivitäten in der ganzen Welt fördert und dazu beiträgt, die Wahrnehmung des Königreichs bei denen zu verändern, die die Zukunft am meisten beeinflussen können«,[5] heißt es recht gespreizt auf der Internetseite der niederländischen Agentur, die die Influencer in das Land vermittelt, das sich künftig nicht mehr allein auf seine Ölreserven verlassen will. »Was wir diesen jungen Leuten präsentieren, ist, dass die Geschichte über Saudi-Arabien eine andere Seite hat als das, was sie einfach in der Presse lesen«, sagt Prinz Turki, Mitglied der Königsfamilie, bezüglich der engagierten Influencer. Und außerdem: »Wir haben im Königreich viel zu tun, um die Meinung anderer zu beeinflussen.«[6]

Wie diese Beeinflussung aussieht, zeigt beispielhaft der Post eines westlichen Paars, das mehr als 800 000 Follower bei Instagram zählt. Sonst freizügig in knappen Bikinis, ist sie auf den Saudi-Arabien-Posts in einem schwarzen Gewand zu sehen, das zwar den Körper betont, ihn jedoch vollständig bedeckt. Er sitzt als Araber im wehenden Kaftan verkleidet auf einem Kamel. Der Beschreibungstext zu dem Foto zitiert John Lennon: »You may say that I'm a dreamer, but I'm not the only one. I love to imagine there's no countries ... Nothing to kill or die for and no religion too.« Schön wär's.

Man muss, um die Reise-Influencer – und mit ihnen den neuen globalen Kapitalismus – zu verstehen, zwischen Universalismus und Globalismus unterscheiden. Der Universalismus, der zuvörderst die Wahrung der Menschenrechte meint, ist im Schwinden begriffen, womit man sich autoritären Regierungsmodellen angleicht, die stattdessen Konzepte wie »Harmonie« propagieren. Vorgedacht wurde das »Harmonie«-Konzept von dem chinesischen Staatsphilosophen Zhao Tingyang,[7] der großen Einfluss auf Präsident Xi Jinping haben soll. Autoritäre Führer aus aller Welt sprechen sich zwar für den Freihandel und für die globalen Finanzmärkte aus, jedoch ohne – wie von Carl Schmitt skizziert und durch den Westen im 20. Jahrhundert geschehen – Einmischung von »raumfremden Mächten«[8] in die Innenpolitik zu dulden. Mögen diese Staaten in Bezug auf Flüchtlinge auch eine Abschottungspolitik betreiben, öffnen sie sich zugleich für den Weltmarkt und ausländische Investitionen. Und bei dieser Öffnung spielt der Tourismus eine wichtige wirtschaftliche und prestigeträchtige Rolle, die die Influencer auszufüllen wissen. Dieser Globalismus imaginiert nicht nur, sondern ist tatsächlich eine grenzenlose Welt für jene, die es sich leisten können. Alles fließt hier, auch die Influencer durch ihre Social-Media-Kanäle hinein in den Infinity Pool. Hoch oben auf dem Dach im warmen Wasser scheinen keine Vaterländer mehr zu existieren, wenn man ausblendet, dass dort unten die globalistischen, aber antiuniversalistischen Regierungen von kulturellen Kämpfen erheblich profitieren, da diese sich für einen autoritären Populismus instrumentalisieren lassen.

Die Illusion der Grenzenlosigkeit endet ohnedies am Beckenrand, der Reise-Influencer stößt dabei auf einen Widerspruch, den Hans Magnus Enzensberger bereits 1958 mit Blick auf den Tourismus festhielt:

In einem nachgelassenen Aphorismus von Otto Weininger heißt es, von einem Bahnhof aus könne man niemals in die Freiheit fahren. Der Satz gilt, solange wir uns abfinden mit dem, was in der Zeitung steht, die wir uns ans Ferienziel nachsenden lassen. Der Tourismus zeigt, daß wir uns daran gewöhnt haben, Freiheit als Massenbetrug hinzunehmen, dem wir uns anvertrauen, obschon wir ihn insgeheim durchschauen. Indem wir auf die Rückfahrkarte in unserer Tasche pochen, gestehen wir ein, daß Freiheit nicht unser Ziel ist, daß wir schon vergessen haben, was sie ist.[9]

Nachhaltiger Tourismus

Eine weitere Grenze schafft der Klimawandel. Im Handgepäck fliegt bei manchen Passagieren immer häufiger das schlechte Gewissen mit, was bei dem einen oder anderen zu Kompensationshandlungen wie der Zahlung eines CO_2-Ausgleichs führt, wenngleich dieser moderne Ablasshandel die Emissionen so wenig verschwinden lässt wie die Beichte die Sünde. Der Kapitalismus, dessen neuer Geist lange schon die Kritik profitabel integriert, bringt so in die Sphäre des Tauschs die Moral ein. Vergolten werden soll eine schlechte Handlung durch eine gute. Zehn Ave Maria für einen unzüchtigen Blick, doch bei schwereren Vergehen gilt, was Papst Franziskus zu bedenken gab: Der Beichtstuhl sei kein Waschsalon, in dem man sich einfach von den Flecken auf seinem Gewissen reinigen kann, um anschließend hinzugehen in Frieden. Dieser Irrlehre aber folgen ökologische Tourismusplattformen, die das Influencer-Marketing für sich entdeckt haben und dann etwa für eine Flugreise in der Economy-Class von München nach Johannesburg und zurück einen Kompensationsbetrag von 100 Euro für 4315 Kilo emittiertes CO_2 berechnen.

Die katholische Beichte verlangt immerhin etwas mehr vom Sünder als der »grüne« Kapitalismus: Erteilen darf der Priester die Absolution nur dem, der wirklich bereut und Besserung gelobt. Der Tourist hingegen preist das schlechte Gewissen für seine nächsten Reisen schon allein deshalb mit ein, weil die Versuchung so groß ist, wenn tagtäglich Instagram mit Werbung für Reisen geflutet wird. Sich ökologisch präsentierende Influencer zeigen in ihren Storys inzwischen häufig, wie sie kompensieren, um so mögliche Shitstorms zu verhindern und das soziale Kapital zu erhöhen. Schließlich ist auch diese Zahlung nur folgerichtig, da sich in ihr drei ideologische Stränge miteinander verbinden: 1. Es gibt keine Grenzen des Konsums. 2. Für jedes Problem findet sich eine Lösung. 3. Geld ist diese Lösung.

Dem Impact, den der Influencer auf die Umworbenen ausübt, kommt diese Strategie zugute, denn aufgewertet wird die eigene Person. Selbst manche Fridays-for-Future-Aktivisten und grüne Politiker posieren gemeinsam mit den klimasensiblen Werbegesichtern. Gezielt nutzen Reise-Influencer Nachhaltigkeitskampagnen und Charity-Aktionen für ihre Zwecke, so etwa ein Paar, das seine Instagram-Abonnenten dazu aufruft, den Post zu teilen, auf dem die beiden Strandschönheiten in erotischer Pose auf einem Boot an Meeresklippen vorbeischippern. Im Nebentext weisen sie auf das Korallensterben durch den erhöhten CO_2-Ausstoß hin und beschwören die Kraft des Schwarms: »Wir haben immer fest daran geglaubt, dass soziale Medien, wenn sie richtig eingesetzt werden, die Welt auf erstaunlich positive Weise verändern können.« Für jedes »Share« seines Posts, gelobt das Paar, will es einen Dollar an eine Organisation zur Korallenrettung spenden. Dass durch das Teilen des Posts die Reichweite deutlich erhöht wird, könnte sich langfristig rechnen. Noch seltener als Korallen sind nur die kritischen Kommentare zu dieser Aktion, aber es gibt sie. Ein User schreibt: »Hört auf, so viel zu reisen, das würde die Welt zu einem besseren Ort machen!« Verzicht also – selbst ökologisch bewegte Politiker wagen dieses Wort selten auszusprechen. Influencer arbeiten daran, dass sie es auch nicht müssen. »Wir freuen uns so sehr auf eine Zukunft, in der wir für das, was richtig ist, eintreten und gemeinsam daran arbeiten, unseren Planeten zu heilen und eine bessere Welt für alle aufzubauen«, heißt es am Ende des rührseligen Posts.

Da sind sie wieder, die guten Menschen von Instagram, die de facto nach dem ökonomischen Erfolgsprinzip aller Digitalplattformen handeln: Wachstum vor Profit.

Nun ist die Kritik am Tourismus so alt wie er selbst. Schon im 18. Jahrhundert klagten Engländer über zu viele Engländer in Italien. Konservative Schriftsteller des 20. Jahrhunderts – wie etwa Ernst Jünger auf seiner Brasilienreise 1936 – suchten sich vom Massentourismus zu absentieren, wenngleich auch sie Linie fliegen oder auf Kreuzfahrtschiffen fahren mussten, um sich hinterher in ihren Texten als Individualreisende ausgeben zu können. Auch die Reichen rollen pikiert die Augen, wenn jene, die sich den Urlaub vom Munde abgespart haben, dem nacheifern, was man als erstrebenswert medial vermittelt bekommen hat. Beispielhaft sei der Modemacher Wolfgang Joop zitiert, der 2019 in einem Interview mit Blick auf den Klimawandel erklärte:

Früher war es selbstverständlich, dass nicht alle alles haben und konsumieren können; der Mangel machte uns kreativ. Flüge, die 35 Euro kosten, zeigen doch, dass wir uns verrannt – äh – verflogen haben. Wirkliches Reisen sowie auch Kaviar und Kokain gab es nur für eine ehemalige High Society, für die anderen eben nicht.[10]

Es darf einen amüsieren, dass jene, die die imperiale Lebensweise vorleben, sich darüber wundern, wenn diese nachgeahmt wird. Dass Reisen auch eine Mode ist, begreift Joop offenbar nicht, und bei dieser wie bei jeder anderen gibt es den Trickle-down-Effekt in der Tat. Da Tourismus kein Menschenrecht darstellt – auch wenn dies vermutlich das einzige Menschenrecht wäre, für das sich Influencer vehement einsetzen würden –, das selbst angesichts der drohenden Klimakatastrophe durchgesetzt werden müsste, ist eine Kritik des Tourismus mehr denn je vonnöten. Wer dies als nörglerische Kulturkritik abtut, bleibt gefangen in einer Wachstumsideologie, die neokoloniale Züge trägt, da die Auswirkungen des Klimawandels im Infinity Pool auszuhalten sind, während sich weiter unten die Hitzetode mehren.

Manchmal knüpfen die Influencer direkt an die überwunden geglaubte Kolonialherrenmanier an. So löste eine deutsche Influencerin 2020 einen kleinen Shitstorm aus, als sie auf ihrem Südafrika-Trip in Kapstadt einen deutschen Afrika-Korrespondenten interviewte. Freundlich dreinblickend, bar jedes geschichtlichen Bewusstseins ließ sie sich erklären, dass Afrika eine richtige Unternehmerkultur fehle und Europa Afrika dringend zu verstehen geben sollte: »Nein, ihr könnt eure Bevölkerung nicht einfach zu uns exportieren.« Weiter fühlte sich der Korrespondent bemüßigt, den vermeintlichen Nationalcharakter des Kontinents zu bestimmen, weshalb er auch gleich in den Kollektivsingular wechselte: »Der Afrikaner« lebe »sehr gern im Hier und Jetzt«, sei aber wenig zukunftszugewandt, sondern habe leider die Tendenz, in die Vergangenheit zu blicken: »Deswegen werden immer Reparationsforderungen gestellt, deswegen immer die Kolonialphase, und ihr habt uns das angetan, man kommt also nicht aus den Puschen«, erläutert der Journalist, was die Influencerin kindchenhaft nickend bestätigt. Nach einem Sturm der Kritik löschte sie das Video rasch wieder und wandte ihr Fehlverhalten geschickt ins Positive, indem sie sich dank ihrer Gespräche mit Rassismusexperten als Geläuterte präsentierte. Diese Strategie der Umarmung von Kritik, ja, Das-sich-selbst-schuldig-Sprechen ist gewinnbringend in der Aufmerksamkeitsökonomie der Plattformen. Unzählige weiße Influencer berichteten im Zuge der Black-Lives-Matter-Bewegung von ihren Privilegien und beichteten unter dem Applaus der neuen Pastoralmacht, des digitalen Schwarms, eigene mikrorassistische Sprechakte oder Gedanken aus ihrer Vergangenheit. »Ich habe viel zugehört«, »Ich habe viel gelernt«, beglückwünschten sie sich selbst nach Podcast-Auftritten und Insta-Videos mit Persons of Color.

Dabei wird – häufig in Übereinstimmung mit einer progressiv-neoliberalen Identitätspolitik, die Diversity als Marketingfaktor begreift – der andere wieder zum Anderen erklärt, stilisiert und kapitalistisch ausgebeutet. Dass man nicht selbst – durch Denken zum Beispiel – den eigenen Rassismus erkennt, sondern dafür den vom Rassismus Betroffenen benötigt und einspannt, ist nichts weiter als eine Absage an den Universalismus, der die Gleichheit der Menschen a priori setzt. Doch ohne Erfahrung geht in der Erlebnisgesellschaft nichts mehr. Was so modern und fortschrittlich daherkommt, ist häufig uralt und falsch, wie die Lektüre von Edward Saids Orientalismus-Studie verrät: »Die Strategie des Orientalismus fußt fast durchgängig auf einer so flexibel angelegten Position der Überlegenheit, dass sie es dem Westler erlaubt, in allen möglichen Beziehungen zum Orient stets die Oberhand zu behalten.«[11]

Dass das erworbene Wissen über den Anderen »zur Erniedrigung verführt«,[12] legt Said in seinem Werk dar; die Wokeness der Influencer soll selbstredend das Gegenteil bewirken und verstrickt sich dabei immer tiefer in Widersprüche, die im Endeffekt die des Kapitalismus sind, der den anderen als Anderen benötigt, um Vielfalt im Urlaubsmarkt zu gewährleisten, während der Konsum zugleich auf Vereinheitlichung hinausläuft. Der Orientalismus – aber auch andere Formen des Exotismus – ist eine die politischen Verhältnisse konstituierende Realitätskonstruktion, die heute auch auf digitalem Wege erfolgt. Viel stärker noch, als es die bildende Kunst getan hat, wird der andere als »fremd«, »exotisch«, »paradiesisch«, »arm, aber glücklich« gefasst, mitunter nur um dem Influencer als Bildkontrast zu dienen.

Dass der Tourismus den Denkhorizont erweitert, ist kaum mehr als ein Marketinggag: Nie zuvor waren mehr Menschen auf Reisen, zugleich erblüht in nahezu allen Teilen der Erde ein neuer Autoritarismus, gepaart mit einer Kulturalisierung und Tribalisierung von Identität. So wundert es wenig, dass selbst das neurechte Ehepaar Ellen Kositza und Götz Kubitschek aus Schnellroda in die weite Welt hinausgezogen ist, um heimzukehren mit der Erkenntnis:

Mein Mann und ich sind viel gereist, auf unterschiedliche Weise. Mein Mann hielt sich mehrmals in Kamerun auf. Kulturen zu sehen, das Andere als Anderes wahrzunehmen und als Reichtum zu empfinden, ohne Herablassung oder Geringschätzung, das ist für uns ein hoher Wert.[13]

Dass aber die Markierung des Anderen, wie Said zeigt, schon eine Geste der Überlegenheit ist, will Kositza nicht sehen. Von diesem beschriebenen Reichtum und Wert jedenfalls profitieren die Reise-Influencer, auch sie würden für sich beanspruchen, nie herablassend oder geringschätzig zu sein. Wenngleich die Bildsprache ihrer Fotos verräterisch ist: Hoch oben, ob auf Kamelen, Hotelterrassen oder in Infinity Pools, sehen wir sie, wie sie herabblicken auf die da unten, die möglicherweise ihre Follower sind und auch nach oben wollen.

10. Das letzte Residuum des American Dream

Ein Youtuber der ersten Stunde steht vor seiner zweistöckigen Villa mit Pool und Garten in Dubai. Obwohl der junge Mann zwischenzeitlich das große Geld gemacht hat, ist sein Habitus noch immer der alte: Er trägt eine graue Jogginghose und einen orangefarbenen Pullover, um seinen Hals baumelt eine goldene Kette. Der Blick des Netzstars ist selbstbewusst, er breitet seine Arme aus, als wollte er die Zuschauer auffordern: Macht es mir nach, nehmt euer Leben selbst in die Hand, kommt dahin, wo ich heute stehe.

Dass der Abgebildete damit begonnen hat, Geld mit Blödel-Videos zu verdienen, ist knappe zehn Jahre her. Lange Zeit hat er beinahe täglich neuen Content produziert, bis heute steht auf seinem Youtube-Kanal, es gebe »(fast) JEDEN TAG NEUE VIDEOS!«. Doch diese Botschaft ist veraltet, nur in unregelmäßigen Abständen wird den Zuschauern noch etwas Neues geboten.

Denn mit Ende zwanzig hat der Influencer ausgesorgt. Während seine ehemaligen Schulfreunde bangen, ob sie eines Tages eine ausreichende Altersversorgung erhalten werden, genießt er das Leben eines Privatiers, das nur noch Luxusprobleme mit sich bringt: Auf welchem seiner Balkone soll er mit seiner Partnerin frühstücken? Sollen sie lieber mit dem SUV oder mit dem Sportwagen zum Strand düsen? Allgemeiner gefragt: Was kostet die Welt?

Mit der Realität seiner Follower hat dies nichts zu tun, wohl aber mit deren Wunschträumen, es auch schaffen zu können. Neben dem Foto schreibt der Influencer: »Ich will dir klarmachen das egal wo du im Leben stehst dir keine grenzen gesetzt sind. Wenn der Junge aus Hamburg Nord der gerade einmal 7 € Taschengeld bekommt es schaffen kann sein Traum zu leben dann auch DU!«

***

»Sadly, the American Dream is dead«: Diese düstere Einschätzung entstammt keineswegs der Feder linker Kapitalismuskritiker, sie wurde im Sommer 2015 von Donald J. Trump ausgesprochen, als er seine Kandidatur für das Amt des US-Präsidenten bekannt gab. Auch wenn das 45. Staatsoberhaupt der einstigen Hegemonialmacht zukünftigen Generationen vor allem seiner »alternativen Fakten« und der Verbreitung von »Fake News« wegen ein Begriff bleiben wird, ist ihm zugutezuhalten: Er scheute sich – im Gegensatz zu seinen liberalen Opponenten – nicht, den American Dream für tot zu erklären, und traf damit den Nerv eines großen Teils der US-amerikanischen Wahlbevölkerung.

Die Zeit, in der vom amerikanischen Aufstiegsversprechen weltweite Strahlkraft ausging, ist vorbei. Dies zeigt bereits ein kurzer Blick auf die Einkommensverhältnisse in den USA: Emmanuel Saez und Gabriel Zucman zufolge beträgt das durchschnittliche Einkommen der amerikanischen Arbeiterschicht – der »122 Millionen Erwachsenen in der unteren Hälfte der Einkommenspyramide« – gerade einmal 18 500 Dollar, wohlgemerkt vor Steuern.[1] Die Versuche der US-Regierung, durch private Verschuldung die Illusion wachsenden Wohlstandes trotz stagnierender Löhne aufrechtzuerhalten, scheiterten spätestens mit dem Platzen der durch billige Kredite genährten Immobilienblase im Jahr 2008.

Der Amerikanische Traum war somit schon vor Ausbruch der Corona-Krise ausgeträumt, obwohl Donald Trump 2015 großspurig verkündet hatte, ihn zu revitalisieren: »I will bring it back bigger and better and stronger than ever before«, hatte er getönt, doch dieses Szenario hat sich allen Deregulierungen der Trump-Administration zum Trotz nicht erfüllt. Die Geschichte vom Tellerwäscher, der zum Millionär aufsteigt, klingt unter diesen Verhältnissen wie eine Propagandaerzählung aus dem 20. Jahrhundert. Der Blick vieler Menschen richtet sich nicht mehr zukunftsfreudig nach oben, sondern ängstlich nach unten.

Dies gilt nicht nur für die USA, sondern für viele kapitalistisch-westliche Staaten: Etwa für Frankreich, wo sich im Herbst 2018 die monatelang anhaltenden Gelbwesten-Proteste entluden. Die Versuche des Präsidenten Emmanuel Macron, den Umweltschutz auf dem Rücken der arbeitenden Bevölkerung auszutragen, endeten mit Straßenblockaden und Innenstadtrandalen. Monatelang herrschte in Frankreich ein Klima, in dem nur noch der starke Staat mit Polizeigewalt und Repression die herrschende Ordnung stabilisieren konnte. Auch wenn derartige Zustände in Deutschland bislang nicht vorstellbar scheinen, wird immer sichtbarer, dass insbesondere die jüngeren Generationen von Hoffnungslosigkeit erfasst werden. Für sie fährt der Fahrstuhl eher nach unten als nach oben. In den Sonntagsreden von Regierungspolitikern kommen sie schon seit Längerem höchstens dann vor, wenn ihre Interessen gegen die der Älteren ausgespielt werden sollen, bereits 1993 stellte Frigga Haug fest: »Täglich mehren sich die Drohungen, daß zuviele Rentner von den jetzt noch pausbäckigen Babies ernährt werden wollen. Die ›Rentner‹ tauchen unvermittelt in der Leistungsgesellschaft als Schmarotzer, als Schuldenberg, als Unmöglichkeit auf.«[2] Herangezogen werden die Interessen junger Menschen vor allem dann, wenn sie der Rechtfertigung einer Austeritätspolitik dienen. »Die Schulden von heute sind die Steuern von morgen«, lautet die Losung dieser Ideologie, die insbesondere den jüngeren Generationen schadet, etwa wenn weder Geld für Schulsanierungen noch für Klimaschutz vorhanden ist.

Statusverlustängste strukturieren somit die Erfahrungen junger wie alter Menschen, weshalb dem Soziologen Oliver Nachtwey zufolge viele Studenten die Gefahren der flexibilisierten Arbeitswelt immer häufiger scheuen:

Nach den beruflichen Zielen gefragt, gab im Jahr 2014 eine(r) von drei Studierenden an, eine Festanstellung im öffentlichen Dienst anzustreben. Avantgardistische Berufe, risikoreiche Unternehmungen und kreative Selbständigkeit verlieren für Studierende an Attraktivität. Der öffentliche Dienst erscheint ihnen hingegen als einer der wenigen Orte, an denen Beschäftigungsstabilität, Sicherheit und kalkulierbarer Aufstieg zu erwarten sind. Die geradezu spießige Berufsperspektive der jungen Akademikerinnen und Akademiker ist nur ein kleiner Ausschnitt aus einer Gesellschaft, in der die kollektive Angst vor dem sozialen Abstieg allgegenwärtig zu sein scheint.[3]

Anders sieht es in Asien aus, vor allem in China, das sich unter Deng Xiaoping in den achtziger und neunziger Jahren immer weiter öffnete, 2001 der Welthandelsorganisation beitrat und seitdem einen rasanten Aufstieg erlebt hat, so dass Präsident Xi als Gegenstück zum Amerikanischen vom »Chinesischen Traum« spricht. Der in China gefeierte Politologe Zhan Wei-Wei erklärt in seinen Bestsellern wortreich, Amerika gleiche mehr und mehr einem Dritte-Welt-Land und in Europa sehe es auch nicht viel besser aus, weshalb man sich nicht länger am Westen orientieren müsse.[4] 2013 erklärte Xi auf dem Nationalen Volkskongress:

Angesichts der unermesslichen Zeitläufe und der brennenden Hoffnung des Volks auf ein besseres Leben können wir uns nicht die geringste Selbstzufriedenheit oder Trägheit leisten, sondern wir müssen unsere Anstrengungen verdoppeln und unnachgiebig vorwärtsdrängen. Wir müssen die Sache des chinesischen Sozialismus weiter vorantreiben und weiter hart für die Verwirklichung des Chinesischen Traums vom nationalen Wiederaufleben kämpfen.[5]

Dieser Traum meint einen bescheidenen Wohlstand, der in den nächsten Jahren auch für die Ärmsten der Armen erarbeitet werden soll. Bereits jetzt wurde der Wohlstand in großen Sprüngen vermehrt, und jedes Jahr zählt China viele neue Milliardäre.

In der westlichen Hemisphäre hingegen kann von Zukunftsoptimismus keine Rede sein: Dem Sprichwort »Wer nicht wagt, der nicht gewinnt« können junge Menschen kaum noch etwas abgewinnen, denn wer nicht gewinnen kann, der muss auch nicht wagen. Das alte Aufstiegsversprechen scheint von innen wie von außen bedroht: von innen durch den »Postwachstumskapitalismus«[6] der westlichen Staaten, von außen durch den Chinesischen Traum, der als Gegenerzählung immer erfolgreicher wird, jedoch deutlich weniger individualistisch ist.

Inmitten all dieser Hoffnungslosigkeit scheint ein letztes Residuum des American Dream fortzuexistieren: Auf Youtube, Instagram und Tiktok haben es in den vergangenen Jahren viele junge Menschen zu Ansehen und Wohlstand gebracht.

Innerhalb von anderthalb Jahrzehnten sind in den sozialen Medien Nobodys zu Megastars herangewachsen, die in vordigitalen Zeiten mutmaßlich gänzlich unbekannt geblieben wären. Wer früher den American Dream nicht nur träumen, sondern leben wollte, musste nicht bloß mit Glück, sondern auch mit einem besonderen Talent gesegnet sein, um in den Olymp des ewigen Ruhms aufzusteigen. Ohne ihre herausragende Stimme hätte eine Mariah Carey Anfang der neunziger Jahre selbst mit noch so harter Arbeit keine vergleichbare Karriere hinlegen können, auch wenn sie – ganz der Ideologie des American Dream verbunden – sang: »If you believe in yourself enough/And know what you want/

You're gonna make it happen«. Übertragen auf die sozialen Netzwerke scheinen diese Zeilen aus analogen Zeiten zutreffender als vor knapp dreißig Jahren: Belohnt wird auf Youtube und Instagram selten das Herausragende, sondern vielmehr die Beständigkeit sowie die Pionierleistung, Trends zu erkennen und nutzbar zu machen. Wer über lange Zeit täglich aktiv war, langsam eine Community aufbaute, Kommentare beantwortete, früher als andere verstand, was »sich klickt«, mit anderen Worten: wer die Spielregeln der digitalen Aufmerksamkeitsökonomie früh durchschaute und verinnerlichte, der hatte zwar keine Garantie auf Erfolg, aber dennoch bessere Aufstiegschancen, als es einige Jahrzehnte zuvor der Fall gewesen war, da die Medien vor dem Aufkommen des Internets noch von Gatekeepern in Form von Personen (Intendanten, Chefredakteure, Filmproduzenten) und Institutionen (TV- und Radioanstalten, Zeitungen, Musiklabels) dominiert waren und erst durch die sozialen Netzwerke und Publikationsformen wie Blogs und Vlogs demokratisiert wurden. Das meritokratische Versprechen des American Dream war immer mehr Schein als Sein, von Chancengleichheit konnte kaum die Rede sein. Doch seit dem Aufkommen des Internets hat sich das Versprechen, wonach es jeder schaffen könne, zumindest eine Zeit lang als glaubwürdiger erwiesen denn je.

Beispielhaft zeigt das der 2018 erschienene Dokumentarfilm *Lord of the Toys* von Pablo Ben-Yakov und André Krummel, der einen Dresdner Freundeskreis porträtiert, der sich »Pfandangels« nennt. Die Bezeichnung rührt daher, dass Max »Adlersson« Herzberg, der Kopf der Influencer-Gruppe, seine Fans frühzeitig dazu aufgerufen hatte, ihm leere Pfandflaschen zu schicken, damit er seinen Lebensunterhalt bestreiten könne. Bewusst setzt man sich ab von den üblichen Influencern, die man als abgehoben und arrogant wahrnimmt. Der Ostdeutschland prägenden ökonomischen Perspektivlosigkeit zum Trotz tut sich den Jugendlichen online eine Alternativwelt auf, in der sie zu kleinen Stars werden. Herzberg betrieb lange Zeit neben seinem erfolgreichen Instagram-Profil auch einen Review-Kanal auf Youtube, auf dem er Deluxe-Editionen von Rapmusik-Alben sowie Messer und Lautsprecher testete, sein Publikum war sechsstellig. Andere Mitglieder der Gruppe sind zumindest Mikro-Influencer, und so können sich die jungen Männer durch Werbeeinnahmen und Mikrospenden ihrer Fans über Wasser halten. Vor allem aber sind sie lokale Berühmtheiten, immer wieder werden sie im Laufe des Films um gemeinsame Fotos gebeten, die sie sich mit Kleingeld bezahlen lassen. Die Perspektive eines Lebens ohne Erwerbsarbeit treibt sie an, einer der jungen Männer sagt: »Ich bin auf 'nem guten Weg dahin, den Erfolg so hoch zu treiben, dass ich mich irgendwann mal von der Arbeit befreien könnte.«

Als der Kanal Herzbergs einige Monate nach Abschluss der Dreharbeiten von Youtube gelöscht wurde (es gab einen formalrechtlichen Verstoß gegen die Richtlinien der Plattform, keinen inhaltlichen), eilten viele kleinere Youtuber zu Hilfe. Sie brachten ihre Solidarität mit ihm zum Ausdruck und wünschten ihm anhaltenden Erfolg auf anderen Plattformen. Auch die vielen traurigen Fans in den Kommentaren hofften inständig, dass ihr Vorbild nun nicht als Angestellter mit regelmäßiger Erwerbsarbeit enden möge. Herzberg gibt jenen Hoffnung, die noch malochen müssen und die von der Politik weitgehend vergessen wurden.

In China sieht die digitale Welt ähnlich aus: Hao Wus Dokumentarfilm *People's Republic of Desire* zeigt chinesische Live-Streamer, die auf der Plattform YY nicht nur Produkte bewerben, sondern ihr Geld vor allem damit verdienen, dass sie ihre Patrons, ihre sie finanziell unterstützenden Follower also, stundenlang dazu animieren, in Form von Mikrotransaktionen für sie zu »voten«. Wer möglichst viele und hohe Spenden erhält, kann von der Plattform und von Streamer-Agenturen ausgerichtete Challenges gewinnen und somit (noch) berühmter werden. Millionen junge Menschen, denen sonst eine Existenz als Wanderarbeiter drohen würde, versuchen sich inzwischen als Streamer. Nicht sofort wird ersichtlich, für welche Dienstleistung die Patrons genau zahlen. Sie belohnen eigentlich nicht das Entertainment, auch ist keine spezielle Serviceleistung zu erkennen, honoriert wird vielmehr der Erfolg an sich. Sie wählen sich einen Streamer aus, der für sie erfolgreich sein soll, der es verdient hat und auf den sie stolz sein können. Damit gleichen sie Eltern, die ihr Glück daraus beziehen, dass ihren Kindern das gelingt, was ihnen selbst nicht vergönnt war. Herzberg hat das intuitiv begriffen, inzwischen streamt auch er hauptsächlich.

Die Geschichte der Pfandangels beweist, dass der digitale Kapitalismus zumindest in einer Hinsicht seine emanzipatorischen Heilsversprechen eingelöst hat: Nie zuvor war der American Dream demokratischer und einfacher zugänglich. Der Weg zum Ruhm führte nicht mehr ausschließlich über große Plattenfirmen und Filmstudios, sondern immer öfter über Plattformen, die trotz ihrer Oligopolstellung und Intransparenz allen Nutzern offenstanden (und immer noch stehen). Die klassischen Gatekeeper verlieren an Bedeutung: Teenager konnten in den letzten fünfzehn Jahren über Nacht zu Youtube-Stars werden, Unbekannte einen Rant hochladen, der zum Netzphänomen wurde, Schulabbrecher zu Chartbreakern aufsteigen – diese Ausnahmen spornten die ganze Community an. Blickt man auf die Herkunft der Influencer, zeigt sich dies deutlich: Während in der Filmbranche erfolgreiche Jungdarsteller häufig aus Schauspieler- oder Künstlerdynastien stammen, hat kaum ein Influencer berühmte Eltern. Sie kamen aus dem Nichts.

Jeder Traum kommt an sein Ende

Doch die letzten Jahre waren nicht nur von Demokratisierungen geprägt, parallel dazu ließen sich neue Schließungstendenzen beobachten. Ob auf Youtube, Instagram oder Tiktok: Innerhalb weniger Jahre nach der Entstehung eines neuen Onlinemediums haben sich stets Cliquen erfolgreicher Influencer herausgebildet, die kaum noch von ihren Positionen zu verdrängen sind. Ist diese Phase (vorläufig) abgeschlossen, bleiben die Netzpioniere, die die digitale Landnahme als Erste gemeistert haben, in der Folge zumeist unter sich und schotten sich in mehrfacher Hinsicht ab: Einerseits leben sie das Leben von Privatiers, ziehen in Villenviertel, Gated Communities oder nach Dubai (von wo aus sich – bei ungleich geringerer Steuerlast – weiterhin senden und werben lässt). Andererseits kooperieren sie nur noch mit wenigen ausgewählten Kollegen (oftmals angeregt durch das Management ihrer Agenturen), so dass die Super-Influencer-Sphäre sich dauerhaft selbst reproduziert und am Leben erhält. Erfolgreiche Youtuber laden sich gegenseitig auf ihre Kanäle ein, um zum hundertsten Mal dieselben Challenges durchzuführen, und verstärken so die bereits existierenden Netzwerkeffekte. Gleiches ist auf Instagram zu beobachten, nicht selten stehen die sich gegenseitig pushenden Influencer bei denselben Agenturen unter Vertrag. Mitunter wohnen die Werbekörper sogar zusammen, um gemeinsam ihre Reichweite zu steigern: Erfolgreiche Influencer schließen sich in den USA in »TikTok Collab Houses« zusammen und verbringen ihren Tag einzig und allein mit der Produktion kurzer Clips:

Chase Hudsons »Hype House« steht in Beverly Hills und hat den Trend begründet, auch wenn von der Originalbesetzung kaum noch jemand übrig ist. Im »Sway House«, mitten im noblen Bel Air, wohnen die rebellischen Teenager-Jungs [...], Pop-Star Rihanna hat ein eigenes Teenie-Wohnheim gegründet, um dort ihre Make-up-Marke Fenty Beauty promoten zu lassen, und auch der Faze Clan, der hauptsächlich aus professionellen Videospielern besteht, hat letztens eine eigene Villa angemietet, der Name des Vorbesitzers: Justin Bieber.[7]

Es ist wie in den klassischen Medien: Wer sich einmal im Fernsehen etabliert hat und zum bildschirmprägenden Gesicht wurde, ist bestens vernetzt und bekommt immer wieder neue Formate angeboten. So wie die Berufsjugendlichen von MTV und Viva allmählich auf die Rente zugehen und noch immer TV-Sendungen und Bestsellerlisten dominieren, werden auch die Influencer älter und markieren weiterhin erfolgreich Teenager.

Ähnlich oligopolistisch wie der Tech-Markt ist mittlerweile auch jener der Influencer. Zwar ist ein Onlineaufstieg heute keineswegs unmöglich geworden, er wird jedoch im Laufe der Zeit schwieriger, da die bereits erfolgreichen Platzhirsche den Markt dominieren und davon ausgehen können, dass ihre Videos und Bilder vom Algorithmus (und der Community) bevorzugt behandelt werden.

Die Netzwunder geraten somit zur Seltenheit. Neuland ist zwar nach wie vor zu beschreiten – und wer weiß, welche heute noch unbekannte App schon morgen ihren Siegeszug antritt –, aber immer wieder werden auch die neuen Plattformen von bereits auf anderen Websites erfolgreichen Influencern erobert. Von Youtube zu Instagram zu Tiktok ist es jeweils nur ein kurzer Weg, genauer gesagt: ein Klick.

Und selbst wenn auf den etablierten Plattformen noch Marktlücken zu erkunden sind – die Nische würde, das prognostizierte der Tech-Journalist Chris Anderson bereits 2004, ein wichtiger, der Ausdifferenzierung der Gesellschaft entsprechender Markt sein[8] –, wird die Nische den Massenmarkt nicht ablösen. Vielmehr wird jene in diesen integriert: Nichts hindert erfolgreiche Influencer daran, gesellschaftlich relevante Themen, die lange Zeit nur von wenigen engagierten Aktivisten beackert wurden, wie etwa Antirassismus oder Klimapolitik, für sich zu vereinnahmen und den wirklichen Experten die große Bühne zu stehlen.

Wer heute noch den digitalen Aufstieg erleben will, befindet sich also in einem Spannungsfeld: Auf der einen Seite bieten sich demokratisierte Zugänge zu großen Plattformen, auf der anderen Seite bestehen dort fast clanartige Netzwerke von Super-Influencern, deren Status nahezu unantastbar ist und in die einzudringen kaum noch jemandem gelingt. Und selbst der Status dieser Platzhirsche ist bedroht: nämlich durch *virtual influencers*, programmierte, rein digitale Werbekörper. Der Fast-Food-Riese Kentucky Fried Chicken lässt seinen Gründer Harland D. Sanders, auch »Colonel« genannt, nicht mehr wie einst von Schauspielern mimen, sondern hat einen digitalen Doppelgänger geschaffen. Dieser täuschend menschlich aussehende Klon verhält sich auf Instagram wie ein typischer Influencer, modelt in seinem Schlafzimmer und postet Motivationssprüche. Ein Trend, der in den nächsten Jahren an Fahrt aufnehmen dürfte.

Das letzte Residuum des American Dreams scheint damit zwar nie endgültig zu verschwinden, jedoch immer kleiner zu werden – für viele Menschen bleibt der Traum vom Aufstieg auch im Netz ausgeträumt.

Ein letzter Blick

Dennoch halten unzählige junge Menschen an der Hoffnung fest, dem Kapital eines Tages als Influencer dienen zu dürfen – und scheitern auf ihrem Weg. Diesen Verzweifelten gilt unser letzter Blick. Sehen wir uns einen von ihnen genauer an, einen Jugendlichen oder jungen Erwachsenen, der sich von der Erwerbsarbeit befreien und in den Olymp der Social-Media-Prominenz aufsteigen will. Die Vorbilder seiner Teenager-Zeit waren, anders als in der vorherigen Generation, nicht mehr »bigger than life«. Während seine Eltern und Großeltern noch Michael Jackson oder Marilyn Monroe verehrten, sind seine Idole gewöhnliche Bürger (wie er), die zur richtigen Zeit am richtigen Ort waren. Ob sie das gewisse Etwas, das »je ne sais quoi«, haben, ist fraglich – irgendwie aber haben sie sich durchgesetzt. Wahrscheinlich weisen sie eine Eigenschaft auf, die die Algorithmen (bzw. jene, die diese programmiert haben) lieben, oder sie treffen einen dem Zeitgeist entsprechenden Nerv. Wie auch immer: Wenn diese Normalos es geschafft haben, da ist sich unser User sicher, dann kann er das auch!

Er fängt klein an: Vielleicht kann er ja von seinen Muskeln profitieren oder gewissen Ernährungstrends folgen? Was, wenn sich beides kombinieren ließe, etwa in Form eines veganen Bodybuilders?

Er bittet seine Freunde und Verwandten, seinen Instagram-Kanal zu abonnieren. Jeden Tag ist er aktiv, lädt Videos, Storys, Reels und Bilder hoch. Gefilmt wird nicht nur die Zubereitung des Essens sowie die fertige Mahlzeit, festgehalten wird auch der Weg zum Fitnessstudio und der Sport selbst: Gewichte werden gestemmt, das Laufband wird »gerockt«. Kaum einen Moment lässt der junge Mann ungenutzt, zumindest tagsüber postet er stündlich. Doch über den erweiterten Bekanntenkreis hinaus interessiert sich kaum jemand für ihn. Als die ehemaligen Schulkontakte (und die Schulkontakte der Schulkontakte) abgegrast sind, stagniert das Wachstum der Follower wie das der westlichen Volkswirtschaften. Zu groß ist die Menge der Konkurrenten, zu ähnlich sind sie ihm in allem, was sie tun.

Doch er gibt nicht auf, postet unter denselben Hashtags wie seine Vorbilder: #fitness, #active, #muscle – die Nutzung dieser Schlagworte soll Aufmerksamkeit innerhalb der Nische generieren. Dabei ist selbst die Nische so groß, dass man sich problemlos in ihr verirren kann. Also fängt er an, anderen ambitionierten Proto-Influencern in der Hoffnung zu folgen, dass diese ihm zurückfolgen. Unter ihre Bilder schreibt er bewundernde und motivierende Kommentare, ein Like nach dem anderen schenkt er ihnen, um auch ihre Followerschaft auf sich aufmerksam zu machen. Und tatsächlich funktioniert dieses Spiel – wenn auch nur kurzfristig. Denn damit die Follow-for-Follow-Kampagne nicht allzu durchsichtig gerät, entfolgt er seinen »Mitbewerbern«, wie es im Marketingsprech heißt, um die ehrlichere Bezeichnung »Konkurrent« zu vermeiden, bald wieder. Er will sein Profil besonders beliebt aussehen lassen, indem er nur wenigen Nutzern folgt, aber von vielen anderen abonniert wird. Auf diesen Kniff kommt allerdings nicht nur er, weshalb sich dieser Plan ebenfalls als wenig zielführend erweist.

Auch der verzweifelte Versuch, seine Vorbilder in Storys oder Beiträgen zu verlinken, um von ihnen entdeckt zu werden, wird ignoriert. Kurzum: Alle Versuche unseres Möchtegern-Influencers schlagen fehl. Und Werbepartner lassen sich selbstredend bei wenigen hundert Followern nicht auftreiben. Vielmehr sieht er sich genötigt, ohne Honorar Produkte in die Kamera zu halten, die er täglich nutzt – so hofft er, zumindest einmal in der Story der verlinkten Unternehmen aufzutauchen.

Wieso scheitert er? Er ist nicht schlechter trainiert als seine Idole. Seine Bilder sind nicht billiger produziert als ihre. Und seine Texte bestehen aus den gängigen Lebensratgeber-Weisheiten und Motivationssprüchen. Sein »Content« ist genauso gut oder schlecht wie der der erfolgreichen Influencer – und dennoch schafft er es nicht, sich eine Community aufzubauen, die er beeinflussen könnte. Man könnte meinen, ihm fehle das »gewisse Etwas«, als gebe es einen kaum merklichen Unterschied zwischen ihm und den Netzstars, denen er nacheifert. Doch in der Welt der groben Unterschiede ist das ein Irrtum: Bis auf seinen Misserfolg unterscheidet er sich nicht von seinen Vorbildern.

Ratlos bleibt er daher zurück, mit nichts als einem erfolglosen Instagram-Kanal, der nur noch unregelmäßig bestückt wird. Der Erfolg ist ausgeblieben, und bald schon wird nichts auf seinem Profil mehr vermuten lassen, dass er einst hoffte, ihn zu erringen. Das letzte Shirtless-Foto, auf dem er seinen Bizeps flext, ist jetzt acht Monate alt. Es hat 19 Likes und einen Kommentar: »Sexy body!« Geschrieben hat ihn ein Bot.

Anmerkungen

Vorwort

1 Paula Doenecke, »Lavendel-Bauern in der Provence klagen über Influencer«, in: *Frankfurter Allgemeine Zeitung* (8. August 2019), online verfügbar unter: {https://www.faz.net/aktuell/stil/drinnen-draussen/lavendel-bauern-in-der-provence-klagen-ueber-influencer-16322575.html} (alle URL Stand November 2020).
2 Rakuten Marketing, »Influencer Marketing. Globale Umfrage Verbraucher 2019«, online verfügbar unter: {https://go.rakutenmarketing.com/hubfs/RMUK2019/2019-Influencer-Marketing-Global-Survey-Germany-FINAL.pdf}.
3 Rakuten Advertising, »Umfrage: Deutsche Unternehmen zahlen bis zu 38 000 Euro pro Influencer-Post« (25. März 2019), online verfügbar unter: {https://rakutenadvertising.com/de-de/media-and-press/umfrage-deutsche-unternehmen-zahlen-bis-zu-38-000-euro-pro-influencer-post/}.
4 Kerstin Dämon, »›Viele Influencer-Kooperationen sind ziemlicher Blödsinn‹«, Interview mit Johst Klems, in: *Wirtschaftswoche* (15. Juni 2017), online verfügbar unter: {https://www.wiwo.de/erfolg/trends/werbung-mit-bloggern-und-co-kosten-von-0-bis-100-000-euro/19928656-2.html}.

1. Patrick Batemans Kinder

1 Blake Snyder, *Rette die Katze! Das ultimative Buch übers Drehbuchschreiben*, Berlin: Autorenhaus Verlag 2015 [2005].
2 Siegfried Kracauer, »Die kleinen Ladenmädchen gehen ins Kino« (1928), in: *Das Ornament der Masse*, Berlin: Suhrkamp 2017 [1963], S. 279-294, S. 282.
3 Jean Baudrillard, *Agonie des Realen*, Berlin: Merve Verlag 1978, S. 25.
4 Francis Fukuyama, »The end of history«, in: *The National Interest* (16) 1989, S. 3-18, S. 17f.
5 Vgl. Cinzia Arruzza/Tithi Bhattacharya/Nancy Fraser, *Feminismus für die 99 %. Ein Manifest*, Berlin: Matthes & Seitz 2019.
6 Nancy Jo Sales, »The suspects wore Louboutins«, in: *Vanity Fair* (März 2010), online verfügbar unter: {https://archive.vanityfair.com/article/share/e9ccocc3-dbf1-4fab-8367-5fc7c05608e6}.

2. Die Retter des Kapitalismus?

1 Karl Marx, *Das Kapital. Kritik der politischen Ökonomie*, Zweiter Band, herausgegeben von Friedrich Engels, *Marx-Engels-Werke*, Band 24, Berlin: Dietz 1963 [1893], S. 146f.
2 Hanns Buchli, *6000 Jahre Werbung. Geschichte der Wirtschaftswerbung und der Propaganda*, Bd. 3: *Das Zeitalter der Revolutionen*, Berlin: Walter de Gruyter & Co. 1966, S. 210.
3 Ebd., S. 213.
4 Vgl. Wolfgang Fritz Haug, *Kritik der Warenästhetik. Gefolgt von Warenästhetik im High-Tech-Kapitalismus*, Berlin: Suhrkamp 2009 [1971].
5 Karl Marx, *Das Kapital. Kritik der politischen Ökonomie*, Erster Band, MEW 23, Berlin: Dietz 1989 [1867], S. 49.
6 Haug, *Kritik der Warenästhetik*, a.a.O., S. 28, S. 29.
7 Ebd., S. 41f.
8 Ebd., S. 29.
9 Ebd., S. 69.
10 Vgl. Bianca Frank/Carsten Rennhak, »Product Placement am Beispiel des Kinofilms Sex and the City: The Movie« (2009), online verfügbar unter: {https://www.esb-business-school.de/fileadmin/user_upload/Fakultaet_ESB/Forschung/Publikationen/Diskussionsbeitraege_zu_Marketing_Management/WP_2009-03__PP_Sex_and_the_City.pdf}, S. 1.
11 Zitiert nach Wolfgang Streeck, *Gekaufte Zeit. Die vertagte Krise des demokratischen Kapitalismus*, erweiterte Ausgabe, Berlin: Suhrkamp 2018 [2013], S. 31.
12 Philipp Staab, *Digitaler Kapitalismus. Markt und Herrschaft in der Ökonomie der Unknappheit*, Berlin: Suhrkamp 2019, S. 150.
13 Philipp Staab spricht in Anlehnung an die Regulationstheorie von Akkumulationsregimes als »einer spezifischen Weise der Profitgenerierung – im Fordismus die Kombination von Massenproduktion und Massenkonsum« (ebd., S. 153).
14 Der Soziologe Ulrich Beck schrieb daher auch von einem »Fahrstuhleffekt« (vgl. Ulrich Beck, *Risikogesellschaft. Auf dem Weg in eine andere Moderne*, Frankfurt am Main: Suhrkamp 1986).
15 Staab, *Digitaler Kapitalismus*, a.a.O., S. 220.
16 »In dieser [Sequenz] unterscheide ich drei Phasen: die Inflation der 1970er Jahre, die beginnende Staatsverschuldung im Jahrzehnt danach und die zunehmende Verschuldung der privaten Haushalte sowie der Unternehmen sowohl des industriellen als auch des Finanzsektors seit Mitte der 1990er Jahre. Den drei Phasen war gemeinsam, dass jede von ihnen in einer Krise endete, deren Lösung zugleich

Ausgangspunkt einer neuen Krise war« (Streeck, *Gekaufte Zeit*, a.a.O., S. 8).
17 N.N., »US-Verbraucher stecken in der Schuldenfalle«, in: *Handelsblatt* (8. September 2004), online verfügbar unter: {https://www.handelsblatt.com/politik/international/pro-haushalt-betragen-kreditkartenschulden-mehr-als-8400-dollar-us-verbraucher-stecken-in-der-schuldenfalle/2397674-all.html}.
18 Staab, *Digitaler Kapitalismus*, a.a.O., S. 172, S. 174, S. 175.
19 Ebd., S. 221.
20 Entsprechende Berichte sind online verfügbar unter: {https://abc.xyz/investor/static/pdf/2019Q4_alphabet_earnings_release.pdf} und {https://s21.q4cdn.com/399680738/files/doc_news/Facebook-Reports-Third-Quarter-2020-Results-2020.pdf}.
21 Dies bedeutet keineswegs, dass die beiden Konzerne gar keine eigenen Güter produzieren würden – so stellt Google Smartphones her, während Facebook 2014 für zwei Milliarden Dollar Oculus VR, einen Produzenten von Virtual-Reality-Headsets, aufkaufte –, aber ihre hauptsächliche Gewinnquelle liegt weiterhin in der Vermittlung von Werbepartnern und potenziellen Kunden.
22 Nick Srnicek, *Plattform-Kapitalismus*, Hamburg: Hamburger Edition 2018, S. 93.
23 Ebd., S. 123.
24 Zitiert nach Steven Levy, *Facebook. Weltmacht am Abgrund*, München: Droemer 2020, S. 599.
25 Marx beschreibt im ersten Band des *Kapitals*, dass die Entstehung des Kapitalismus durch den »historische[n] Scheidungsprozeß von Produzent und Produktionsmitteln« bestimmt ist (Marx, *Das Kapital*, Erster Band, a.a.O., S. 742). Mit dem Kapitalismus entstehen zwei Klassen, deren Interessen sich diametral gegenüberstehen: Auf der einen Seite steht der Kapitalist, der über die Produktionsmittel (bspw. Maschinen, Rohstoffe etc.) verfügt, auf der anderen Seite der doppelt freie Lohnarbeiter, »frei in dem Doppelsinn, daß er als freie Person über seine Arbeitskraft als seine Ware verfügt, daß er andrerseits andre Waren nicht zu verkaufen hat, los und ledig, frei ist von allen zur Verwirklichung seiner Arbeitskraft nötigen Sachen« (ebd., S. 183).

3. Die Entstehung der Werbekörper

1 N.N., »Rezo: ›YouTuber ist ein sehr dummer Ausdruck – wie Fernseher oder Printler‹«, in: *Zapp* (23. Oktober 2019), online verfügbar unter: {https://www.ndr.de/fernsehen/sendungen/zapp/Rezo-und-der-Journalismus,rezo108.html}.

2 Sarah Frier, *No Filter. Die Instagram-Story*, Kulmbach: Plassen 2020, S. 14.
3 Ebd., S. 255.
4 Zum Vergleich: Die *Bild*-Zeitung hat Stand 10/2020 eine verkaufte Auflage von knapp 1,2 Millionen Exemplaren.
5 Emma Lee, »Livestreams on Taobao Live earn RMB 20 billion in sales on Singles Day« (13. November 2019), online verfügbar unter: {https://technode.com/2019/11/13/livestreams-on-taobao-live-earn-rmb-20-billion-in-sales-on-singles-day/}.
6 Liu Chang, »China im Influencer-Fieber: Wie neue Onlinemarketing-Modelle den Konsum ankurbeln« (29. Juli 2020), online verfügbar unter: {http://german.chinatoday.com.cn/2018/jdschwerpunkt/202007/t20200729_800215993.html}.
7 Haug, *Kritik der Warenästhetik*, a.a.O., S. 60.
8 David Graeber, *Bullshit Jobs. Vom wahren Sinn der Arbeit*, Stuttgart: Klett-Cotta 2020, S. 40.
9 Ebd., S. 79.
10 Erik Olin Wright, »Wo liegt die Mitte der Mittelklasse?«, in: *Prokla. Zeitschrift für kritische Sozialwissenschaft* 15/58 (1985), S. 35-62, S. 47, S. 48.

4. Berechenbare Kreativität

1 Max Horkheimer/Theodor W. Adorno, *Dialektik der Aufklärung. Philosophische Fragmente*, Frankfurt am Main: Fischer 2016 [1944], S. 142, S. 139.
2 Ebd., S. 129.
3 Martin Scorsese, »I said Marvel movies aren't cinema. Let me explain«, in: *The New York Times* (4. November 2019), online verfügbar unter: {https://www.nytimes.com/2019/11/04/opinion/martin-scorsese-marvel.html}.
4 Richard Dawkins, *Das egoistische Gen*, Berlin/Heidelberg: Springer-Verlag 2007, S. 321, S. 328.
5 Horkheimer/Adorno, *Dialektik der Aufklärung*, a.a.O., S. 128.
6 Ebd.
7 Richard Florida, *The Rise of the Creative Class. And How It's Transforming Work, Leisure and Everyday Life*, New York: Basic Books 2004, S. xiii.
8 Andreas Reckwitz, *Die Erfindung der Kreativität. Zum Prozess gesellschaftlicher Ästhetisierung*, Frankfurt am Main: Suhrkamp 2012, S. 9.
9 Ebd., S. 337.

10 Vgl. Frier, *No Filter*, a.a.O., S. 158f.
11 Ebd., S. 200.
12 Zitiert nach ebd., S. 116.
13 Ebd., S. 25.

5. Einflussreiche Körperbilder

1 Béla Balázs, *Der sichtbare Mensch oder die Kultur des Films*, Frankfurt am Main: Suhrkamp 2001 [1924].
2 Zitiert nach Frier, *No Filter*, a.a.O., S. 302.
3 N.N., »DGÄPC-Statistik 2018-2019. Zahlen, Fakten und Trends der Ästhetisch-Plastischen Chirurgie«, online verfügbar unter: {https://www.dgaepc.de/wp-content/uploads/2019/11/dgaepc_statistik-2019.pdf}, S. 12.
4 Ebd., S. 14.
5 Frier, *No Filter*, a.a.O., S. 207.
6 Vgl. Grégoire Chamayou, *Die unregierbare Gesellschaft: Eine Genealogie des autoritären Liberalismus*, Berlin: Suhrkamp 2019, S. 166-173.
7 Eva Illouz, *Warum Liebe endet. Eine Soziologie negativer Beziehungen*, Berlin: Suhrkamp 2018, S. 154.
8 Frier, *No Filter*, a.a.O., S. 177.
9 Roland Barthes, *Die helle Kammer. Bemerkungen zur Photographie*, Frankfurt am Main: Suhrkamp 1989 [1980], S. 36.
10 Ebd., S. 50.
11 Nina Power, *Die eindimensionale Frau*, Berlin: Merve 2008, S. 58.
12 Siegfried Kracauer, *Die Angestellten. Aus dem neuesten Deutschland*, Frankfurt am Main: Suhrkamp 1971 [1930], S. 24, S. 25.
13 Vgl. Anna-Verena Nosthoff/Felix Maschewski, *Die Gesellschaft der Wearables. Digitale Verführung und soziale Kontrolle*, Berlin: Nicolai 2019.
14 Kathryn Pauly Morgan, »Foucault, Hässliche Entlein und Techno-Schwäne – Fett-Hass, Schlankheitsoperationen und biomedisierte Schönheitsideale in Amerika«, in: *schön normal. Manipulationen am Körper als Technologien des Selbst*, herausgegeben von Paula-Irene Villa, Bielefeld: Transcript 2015, S. 143-172, S. 153.
15 Horkheimer/Adorno, *Dialektik der Aufklärung*, a.a.O., S. 148.

6. Rosa oder blau? Neue und alte Geschlechterrollen

1 Charlotte Theile, »Sex sells – endlich profitieren Frauen selbst davon«, in: *Berliner Zeitung* (19. Juni 2020), online verfügbar unter: {https://www.berliner-zeitung.de/politik-gesellschaft/sex-sells-und-ploetzlich-nutzt-das-auch-den-nackten-frauen-li.86667}.
2 Simone de Beauvoir, *Das andere Geschlecht. Sitte und Sexus der Frau*, Reinbek bei Hamburg: Rowohlt 2020 [1949], S. 257, S. 191 f.
3 Ebd., S. 257.
4 Laura Mulvey, »Visuelle Lust und narratives Kino« (1975), in: *Texte zur Theorie des Films*, herausgegeben von Franz-Josef Albersmeier, Ditzingen: Reclam 2017, S. 389-408, S. 397.
5 Marx, »Nachwort zur zweiten Auflage«, in: *Das Kapital*, Erster Band, a.a.O., S. 18-28, S. 28.
6 Mulvey, »Visuelle Lust und narratives Kino«, a.a.O., S. 392.
7 Vgl. Annekathrin Kohout, *Netzfeminismus. Strategien weiblicher Bildpolitik*, Berlin: Wagenbach 2019.
8 Frigga Haug, *Erinnerungsarbeit*, Hamburg: Argument 2001, S. 14.
9 Ebd., S. 7, S. 15 f.
10 Ebd., S. 9.
11 Mulvey, »Visuelle Lust und narratives Kino«, a.a.O., S. 398.
12 Zitiert nach: Daniel Drepper/Paul Schwenn/Johann Voigt, »Exklusiv: Undercover bei Kollegahs Alpha-Armee« (31. Juli 2019), online verfügbar unter: {https://www.vice.com/de/article/43jkqb/alpha-mentoring-felix-blume-exklusiv-undercover-bei-kollegahs-alpha-armee}.
13 Der Name »Gender Reveal Party« ist dabei irreführend, denn es wird keineswegs das »Gender«, also das soziale Geschlecht, enthüllt, sondern nur das »Sex«, also das biologische. Streng genommen müssten die Feierlichkeiten also »Sex Reveal Party« heißen.
14 Jenna Karvunidis/Molly Langmuir, »I started the ›gender reveal party‹ trend. And I regret it«, online verfügbar unter: {https://www.theguardian.com/lifeandstyle/2020/jun/29/jenna-karvunidis-i-started-gender-reveal-party-trend-regret}.
15 Antonia Noori Farzan, »A Border Patrol agent threw a gender-reveal party. He ended up starting a 47,000-acre wildfire«, online verfügbar unter: {https://www.washingtonpost.com/news/morning-mix/wp/2018/10/01/a-border-patrol-agent-threw-a-gender-reveal-party-he-ended-up-starting-a-47000-acre-wildfire/}.
16 Bill Hutchinson, »Grandmother killed by inadvertently made ›pipe bomb‹ at gender-reveal party«, online verfügbar unter: {https://abcnews.go.com/US/gender-reveal-party-turns-tragic-iowa-woman-killed/story?id=66567086}.

17 Zitiert nach Klaus Raab, »›Miley würde sogar gern viel, viel öfter mit der Kamera reden‹«, in: *Brand eins* 2/2019, online verfügbar unter: {https://www.brandeins.de/magazine/brand-eins-wirtschaftsmagazin/2019/marketing/kinder-influencer-miley-wuerde-sogar-gern-viel-viel-oefter-mit-der-kamera-reden}.
18 Luise Meergans, »Spielst du noch oder arbeitest du schon? Ein kinderrechtlicher Beitrag zur Debatte um Kinder-Influencerinnen und -Influencer«, in: *Zwischen Spielzeug, Kamera und YouTube. Wenn Kinder zu Influencern (gemacht) werden*, herausgegeben vom Deutschen Kinderhilfswerk, 2019, S. 5-11, S. 7.
19 Zitiert nach Lili Ruge, »›Youtube, Instagram & Co.: Kinderarbeit in Social Media‹«, in: *Capriccio. Das Kulturmagazin des BR Fernsehens* (08. Februar 2019), online verfügbar unter: {https://www.youtube.com/watch?v=lj5YEHBJRK8}.

7. »Schreibt es in die Kommis!«

1 Andreas Reckwitz, *Die Gesellschaft der Singularitäten. Zum Strukturwandel der Moderne*, Berlin: Suhrkamp 2017.
2 Michael Klonovsky, »Die Freigabe aller Dinge«, Interview mit Peter Sloterdijk, in: *Focus* (Nr. 31/2005), online verfügbar unter: {https://www.focus.de/kultur/medien/kultur-die-freigabe-aller-dinge_aid_209752.html}.
3 Renata Salecl, *Die Tyrannei der Freiheit. Warum es eine Zumutung ist, sich anhaltend entscheiden zu müssen*, München: Blessing 2014, S. 23.
4 Ebd.
5 Slavoj Žižek, »Warum lieben wir es alle, Haider zu hassen?« (Februar 2000), online verfügbar unter: {https://transversal.at/transversal/0401/zizek/de}.
6 Diedrich Diederichsen, *Eigenblutdoping. Selbstverwertung, Künstlerromantik, Partizipation*, 2. Auflage, Köln: Kiepenheuer & Witsch 2009, S. 279.
7 Katrin Schulze, »Machen sich Facebook-Verweigerer verdächtig?«, in: *Der Tagesspiegel* (24. Juli 2012), online verfügbar unter: {https://www.tagesspiegel.de/gesellschaft/panorama/nach-dem-attentat-von-denver-kein-facebook-profil-kein-job-angebot/6911648-2.html}.
8 Bertolt Brecht, *Die Dreigroschenoper. Text und Kommentar*, Frankfurt am Main: Suhrkamp 2017, S. 55.
9 Pierre Bourdieu, *Über das Fernsehen*, Frankfurt am Main: Suhrkamp 1998, S. 96.

10 Milton Friedman/Rose Friedman, *Chancen, die ich meine. Ein persönliches Bekenntnis*, Berlin: Ullstein 1980, S. 79f.
11 Vgl. Frank Schirrmacher, *Ego. Das Spiel des Lebens*, München: Blessing 2013, S. 186.
12 Christoph Kucklick, *Die granulare Gesellschaft. Wie das Digitale unsere Wirklichkeit auflöst*, Berlin: Ullstein 2017, S. 33, S. 35.
13 Ebd., S. 40.
14 Robert B. Cialdini, *Die Psychologie des Überzeugens. Wie Sie sich selbst und Ihren Mitmenschen auf die Schliche kommen*, Bern: Hogrefe 2019, S. 240f. Die US-amerikanische Originalausgabe erschien 1984 unter dem Titel *Influence*.

8. Der gute Mensch von Instagram

1 Siegfried Kracauer, »Die kleinen Ladenmädchen gehen ins Kino«, a.a.O., S. 279.
2 Theodor W. Adorno, *Einleitung in die Musiksoziologie* (1968), in: *Gesammelte Schriften*, Band 14, Berlin: Suhrkamp 2020, S. 169-433, S. 185f.
3 Brecht, *Die Dreigroschenoper*, a.a.O., S. 12.
4 Karl Marx/Friedrich Engels, *Manifest der kommunistischen Partei* (1848), in: MEW 4, Berlin: Dietz 1959, S. 459-493, S. 465.
5 Brecht, *Die Dreigroschenoper*, a.a.O., S. 13.
6 Karl Marx, »Vorwort zur ersten Auflage«, in: *Das Kapital*, Erster Band, a.a.O., S. 11-17, S. 16.
7 Brecht, *Die Dreigroschenoper*, a.a.O., S. 66.
8 Theodor W. Adorno, *Minima Moralia. Reflexionen aus dem beschädigten Leben*, Gesammelte Schriften, Band 4, Frankfurt am Main: Suhrkamp 2019 [1951], S. 55.
9 Nancy Fraser, »Vom Regen des progressiven Neoliberalismus in die Traufe des reaktionären Populismus«, in: *Die große Regression. Eine internationale Debatte über die geistige Situation der Zeit*, herausgegeben von Heinrich Geiselberger, Berlin: Suhrkamp 2017, S. 77-91, S. 82, S. 83f.
10 Bertolt Brecht, *Der gute Mensch von Sezuan*, Berlin: Suhrkamp 2018 [1953], S. 10.
11 Ebd., S. 29.
12 Ebd., S. 139, S. 142.

9. In 80 Hashtags um die Welt

1 Bundesministerium der Finanzen, *Ich bin Influencer. Muss ich Steuern zahlen?* (2020), online verfügbar unter: {https://www.bundesfinanzministerium.de/Content/DE/Standardartikel/Themen/Steuern/Steuerliche_Themengebiete/Social_Media_Akteure/2020-07-30-FAQ-Ich-bin-Influencer.pdf?__blob=publicationFile&v=5}.
2 Andrea Diener, »Instagrammable«, in: *Frankfurter Allgemeine Zeitung* (25. Oktober 2018), online verfügbar unter: {https://www.faz.net/aktuell/feuilleton/instagrammable-ist-der-neue-hype-im-tourismus-15854387.html}.
3 Constanze Baum, »Vorbild – Abbild – Zerrbild. Bewältigungsstrategien europäischer Neapelreisender um 1800«, in: *Dreckige Laken. Die Kehrseite der »Grand Tour«*, herausgegeben von Joseph Imorde und Erik Wegerhoff, Berlin: Wagenbach 2018, S. 30-47, S. 42.
4 Zygmunt Bauman, *Flaneure, Spieler und Touristen. Essays zu postmodernen Lebensformen*, Hamburg: Hamburger Edition 2007, S. 157.
5 Zitiert N.N., »Saudi-Arabien. Mit Influencern das Image des Landes aufpolieren«, in: *Deutschlandfunk Nova* (21. November 2019), online verfügbar unter: {https://www.deutschlandfunknova.de/beitrag/saudi-arabien-mit-influencern-das-image-des-landes-aufpolieren}.
6 N.N., »Saudi Arabia turns to foreign social media influencers to improve its image«, in: *Global Village Space* (07. September 2019), online verfügbar unter: {https://www.globalvillagespace.com/saudi-arabia-turns-to-foreign-social-media-influencers-to-improve-its-image/}.
7 ZHAO Tingyang, *Alles unter dem Himmel. Vergangenheit und Zukunft der Weltordnung*, Berlin: Suhrkamp 2020.
8 Carl Schmitt, *Völkerrechtliche Großraumordnung: mit Interventionsverbot für raumfremde Mächte. Ein Beitrag zum Reichsbegriff im Völkerrecht*, Berlin: Duncker & Humblot 1991 [1941].
9 Hans Magnus Enzensberger, »Vergebliche Brandung der Ferne. Eine Theorie des Tourismus«, in: *Merkur* 126 (August 1958), online verfügbar unter: {https://www.merkur-zeitschrift.de/hans-magnus-enzensberger-vergebliche-brandung-der-ferne/#en-7881-3}.
10 Timo Hoffmann, »Wir wollten krass sein«, Interview mit Wolfgang Joop, in: *die tageszeitung* (04. Oktober 2019), online verfügbar unter: {https://taz.de/Modedesigner-Wolfgang-Joop/!5628230/}.
11 Edward Said, *Orientalismus*, Frankfurt am Main: Fischer 2010 [1978], S. 16.

12 Ebd, S. 376.
13 Zitiert nach Thomas Wagner, *Die Angstmacher. 1968 und die Neuen Rechten*, Berlin: Aufbau 2017, S. 82.

10. Das letzte Residuum des American Dream

1 Emmanuel Saez/Gabriel Zucman, *Der Triumph der Ungerechtigkeit. Steuern und Ungleichheit im 21. Jahrhundert*, Berlin: Suhrkamp 2020, S. 27.
2 Frigga Haug, »Leistung muß sich wieder lohnen«, in: *Hat die Leistung ein Geschlecht? Erfahrungen von Frauen*, herausgegeben von Frigga Haug und Eva Wollmann, Hamburg: Argument 1993, S. 11-30, S. 14.
3 Oliver Nachtwey, *Die Abstiegsgesellschaft. Über das Aufbegehren in der regressiven Moderne*, Berlin: Suhrkamp 2016, S. 7.
4 Vgl. Zhang Wei-Wei, *The China Horizon. Glory and Dream of a Civilizational State*, Hackensack (New Jersey): World Century Publishing Co. 2016.
5 Xi Jinping, »Rede auf der 1. Tagung des XII. Nationalen Volkskongresses. 17. März 2013«, in: ders., *China regieren*, Peking: Verlag für fremdsprachige Literatur 2018, S. 44-50, S. 45.
6 Nachtwey, *Die Abstiegsgesellschaft*, a. a. O., S. 45.
7 Michael Moorstedt, »Legebatterie für Influencer«, in: *Süddeutsche Zeitung* (06. November 2020), online verfügbar unter: {https://www.sueddeutsche.de/leben/tiktok-chase-hudson-hype-collab-house-1.5095021?fbclid=IwAR1HyDctLaC5jxTXcAPnitkOSPAWeAuC3u9MWERUWL4tID9SFjVH20R4PBw}.
8 Chris Anderson, *The Long Tail – der lange Schwanz. Nischenprodukte statt Massenmarkt – Das Geschäft der Zukunft*, München: Hanser 2007.